놀면 뭐 하니?

읽는 영어 문법

이연수

지식공유

놀면 뭐 하니? 읽는 영어 문법

저　　자 | 이연수
발 행 일 | 1판 2021년 11월 22일
발 행 인 | 김미영
발 행 처 | 지식공유
등 록 번 호 | 제 2017-000107호
팩　　스 | 0504-477-9791
메　　일 | ksharing@naver.com
홈 페 이 지 | www.ksharing.co.kr
주　　소 | 서울시 마포구 만리재로 14 르네상스타워 2201

Staff
기획 · 진행 | 김미영　　편집디자인 | 주경미　　표지디자인 | 주신애 · 김지영
교정 | 조동진 · 조현채　　일러스트 | 김지영

도움 주신 분들 | 신은경 · 이순영 · 안규리 · 조다빈

ISBN 979-11-91407-04-4 (43740)
정가　14,800원

폰트 저작권자　유토이미지(UTOIMAGE.COM) | 네이버 나눔글꼴 | 롯데마트 통큰서체 | 빙그레 서체 | 고양일산체

"영어를 잘하고 싶은데, 문법이 …"

문법은 정해진 틀이기 때문에 답답하고 지루하게 느껴지는 것은 사실이에요. 거기에다가 영어는 우리말과 다른 문장 구조를 가지고 있어서 더 복잡하게만 느껴집니다.

그렇다고 영어의 뼈대인 문법을 외면해 버리면 영어를 말하고 읽고 쓰는 것 또한 제대로 할 수 없게 되어 버리지요. 하지만 뒤집어 생각해 봅시다. 일단, 문법을 알면 영어가 쉬워진다는 사실!

"공부처럼 말고, 잠깐 쉴 때 개념부터 읽어 봐요!"

영어 문법을 이제부터 시작하는 친구들, 그리고 영어 문법을 처음부터 다시 정리하고 싶은 친구들을 위해 썼습니다. 책상 앞에 반듯하게 앉아야만 공부할 수 있나요? 편안한 마음으로 쉬면서 읽어보세요. 아니면, 스마트폰을 보다가 게임하다가 엄마 눈치(?) 보일 때 읽어 보면 어때요? 궁금한 부분만 골라서 봐도 좋고 처음부터 끝까지 천천히 읽어 봐도 좋아요. 그렇게 조금씩 영어 문법의 기본을 다져 봅시다.

차 례

차 례

문장은 단어들이 일정한 순서로 모여 의미를 전달하는 것이란다.

문장을 이루는 기본 요소와 8품사에 대해 알아볼 거야.

하나,
문장을 이루는
것들

영어와 우리말이 다른점

본격적으로 영어 문법을 공부하기 전에
영어와 우리말이 어떻게 다른지 간단히 살펴볼 거야.
영어는 우리말과 말의 순서가 달라서 종종 어렵게 느껴졌지.
말의 순서를 어순이라고 하는데 영어의 어순을 먼저 알아보자.

바로 설명해 줄게! ☻

영어의 어순

"나는 너를…" 무슨 말을 하려는 걸까?
좋다거나 싫다고 말할 수도 있겠지?
우리말은 '~다'로 끝나는 동사가 맨 마지막에
오기 때문에 끝까지 듣지 않으면 어떤 내용인지 정확히
알 수가 없어. 반대로 영어의 동사는 일반적으로 주어
바로 뒤에 있어서 어떤 내용일지 바로 짐작할 수 있지.
우리말과 영어의 어순을 비교해 보자.

우리말	나는	너를	좋아한다.
	주어	목적어	동사

영어	I	like	you.
	주어	동사	목적어
	나는	좋아한다.	너를

영어의 어순은 기본적으로 「주어 + 동사」 구조를 바탕으로 여러 가지
문장 형태를 만들 수 있어.

일단 주어, 동사, 목적어가 무엇인지부터 간단히 되짚어 볼까?
문장을 구성하는 주어, 동사, 목적어를 구분해 내는 것은 영어 문장을
만들거나 해석할 때 아주 중요하단다.

주어는 우리말의 '~은, ~는, ~이, ~가'에 해당하는 말로 문장의 주인이
되는 말이야.

동사는 우리말의 '~이다, ~하다'에 해당하는 말로 움직임을 나타내는 말
을 동사라고 하지.

목적어는 우리말의 '~을, ~를, ~에게'에 해당하는 말로 움직임의 대상
이 되거나 상태의 대상이 되는 말을 목적어라고 해.

우리말과 영어의 어순이 어떻게 다른지 꼭 기억해 두자!　　　꼭! ☺
이번에는 수를 표현하는 방법을 알아볼 거야.

단수와 복수

우리말은 사물이나 사람의 숫자를 헤아릴 때 단어의 모양이 변하지 않아.
장미 한 송이, 장미 두 송이, 장미 세 송이…
장미라는 단어의 모양은 그대로지? 하지만 영어에서 장미 한 송이를
표현할 때는 a rose, 장미 두 송이 일 때는 two roses로 단어의 모양
이 바뀌면서 단수와 복수를 구별한단다.

단수는 한 명의 사람, 한 개의 사물을 말하고,
복수는 두 명 이상의 사람, 둘 이상의 사물을 말하지.

a rose　　　two roses

장미 한 송이는 rose 앞에 a를 붙여 단수(한 송이)임을 나타내 주고
장미 두 송이를 표현할 때는 먼저 장미 앞에 수량을 표시해 주지.
그 다음 rose 뒤에 -s를 붙여 주는 것으로 복수(두 송이)임을 나타낼
수 있어.

a rose (장미 한 송이)   **two roses** (장미 두 송이)

대부분의 단어에 규칙적으로 -s를 붙여서 복수를 나타내기도 하지만
불규칙적으로 변하는 단어들도 있어. 불규칙적으로 변하는 단어들에
대해서는 뒤에서 자세히 공부해 볼 거야.
지금은 가볍게 우리말과 다른 영어의 어순과 단수와 복수가 무엇인지
만 기억하자!

천천히 하자! (･.･)

문장을 이루는 것들

머릿속의 생각과 감정들을 다른 사람에게 제대로 표현하려면 문법에
맞는 문장을 만들어서 말이나 글로 옮길 수 있어야 해.

문장을 제대로 만들기 위해서는
단어들을 일정한 법칙과 순서에 따라 나열해야 해.
우리가 배우는 문법은 낱말을 이어 문장을 만드는 규칙인 셈이지.

지금부터 아주 기본적인 것부터 알아볼 거야.
가장 작은 소리의 단위부터 말이야.

안다고? 그래도 읽어보자! (･.･)

자음과 모음, 단어와 문장

자음과 모음은 가장 작은 소리의 단위란다.

우리말에서 '아, 에, 이, 오, 우'에 해당하는 소리를 모음이라고 하고

'ㄱ, ㄴ, ㄷ…'에 해당하는 소리를 자음이라고 하지.

자음과 모음이 결합해서 우리말 단어를 만들어 내는 것처럼

영어도 자음 21개와 모음 5개를 결합해서 단어를 만들지.

쉽다고? Good job. (◡‿◡)

알파벳은 다섯 개의 모음(a, e, i, o, u)과

스물한 개의 자음(다섯 개의 모음을 제외한 나머지 알파벳)이 있어.

이것들이 일정한 법칙과 순서에 따라 나열되면 단어가 돼.

이렇게 만들어진 단어는 의미를 갖는 가장 작은 말의 단위란다.

bag = b   a   g
　　　자음　모음　자음

하지만 단어만으로는 소통을 제대로 할 수 없지.

그래서 여러 가지 단어들을 문법 규칙에 따라 나열하기로 했어.

규칙을 아주 잘 따르면 문장이 완성된단다.

자기 생각을 다른 사람에게 분명하게 전달하려면

문법에 맞게 말을 하거나 글을 써야 해. 아래 문장들처럼 말이야.

I have a bag.　　　나는 가방을 가지고 있다.
나　가지다　하나의 가방

I like my blue bag.　나는 나의 파란 가방을 좋아한다.
나　좋아하다　나의　파란　가방

구와 절

영어 문장에는 구와 절이 있어.

구는 두 개 이상의 단어가 모여 만들어진 말이란다.

주어와 동사가 포함되지 않은 단어들의 모임이야.

절은 주어와 동사를 포함한 여러 단어가 모여 만들어진 말이야.

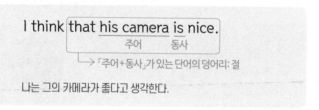

두 개 이상의 단어가 모여 하나의 품사로써의 기능을 하는 것을 구라고 하고 주어와 동사가 갖추어진 문장 요소를 절이라고 해.

구와 절의 덩어리는 문장에서 마치 한 단어처럼 명사, 형용사, 부사 같은 역할을 할 수 있단다. 그래서 명사 역할을 하는 구를 명사구, 형용사 역할을 하는 절을 형용사절이라고 부르곤 하지.

이런 용어들은 앞으로 문법 설명할 때 자주 등장할 예정이니 너무 어렵게 생각하지 말고 지금은 가볍게 읽고 기억만 해 두자.

또 나올 거야! ☺

주어와 동사

우리말은 종종 주어가
생략될 때도 많아. 그래서
그림처럼 주어를 생략해도
자연스러워!
"(너) 지금 뭐해?",
"(나) 밥 먹어" 우리말은 이런 대화가 흔하지?
하지만 영어 문장은 주어를 이렇게 생략해 버리면
절대 말이 통하지 않아.

기억해 꼭! (•‿•)

영어 문장은 주인공인 주어와 주인공의 동작이나 상태를 서술하는
동사를 빼 놓을 수 없어.
동사는 문장 속 주인공의 행동을 나타내거나 주어를 설명해 준단다.

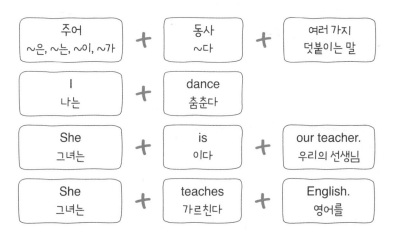

주어 ~은, ~는, ~이, ~가	+	동사 ~다	+	여러 가지 덧붙이는 말
I 나는	+	dance 춤춘다		
She 그녀는	+	is 이다	+	our teacher. 우리의 선생님
She 그녀는	+	teaches 가르친다	+	English. 영어를

어때? 문장 만들기 어렵지 않지? (•‿•)

문장의 기본 요소

문장은 네 가지 기본 요소로 이루어진단다.
문장의 뼈대가 되는 주어와 동사를 단단하게 세워 준 후에 목적어와 보어로 살을 붙여 주는 거야.
이 네 가지 문장의 기본 요소에 대해 좀 더 자세히 알아보도록 하자.

주어는 문장의 주인 역할을 해. 우리말에 '누가, 무엇이'에 해당된단다. 명사와 대명사가 주로 문장 맨 앞에서 주어 역할을 하지.

A bear is big.   곰은 크다.
They are bears.   그것들은 곰이다.

동사는 주어의 동작이나 상태를 나타내지. '~하다, ~이다'로 끝나는 말들이 바로 동사야. 동사는 주어 뒤에 온단다.

He likes music.   그는 음악을 좋아한다.
Yuna is my friend.   유나는 내 친구이다.

목적어는 주어가 하는 동작의 대상이 되는 말이야. '~을, ~를, ~에게'에 해당하는 것들이지. 목적어는 주로 동사 뒤에 오는데, 동사에 따라 문장에 필요할 수도 있고 필요하지 않을 수도 있어.

I drink coffee every day.   나는 매일 커피를 마신다.

보어는 **주어와 목적어를 보충 설명해 줘.** 명사와 형용사가 보어로 쓰일
수 있어. 동사에 따라 문장에 나올 수도 있고 나오지 않을 수도 있지.

> She is a doctor. 그녀는 의사이다.
> They look happy. 그들은 행복해 보인다.

수식어는 **문장에 꼭 필요하지는 않지만 다른 문장 성분들을 꾸며 주는
역할을 해.** 문장을 더 구체적이고 자세하게 만들어 준단다.
수식어 역할을 하는 것 들은 주로 형용사와 부사야.

> He is a famous actor. 그는 유명한 배우이다.
> I study really hard. 나는 정말 열심히 공부한다.

잠깐, 명사나 대명사, 동사, 형용사 같은 것들이 뭔지 모르겠다고?
천천히 읽으며 따라와 봐. 바로 설명할 거야.
그 전에 문장의 기본 요소들로 문장을 나열하는 법부터 알아보도록
하자.

☺ 잠깐, 하나 더

주어는 영어로 subject이고 동사는 verb야.
문장에서 주어와 동사를 구분할 때 영어 단어의 약자를 따서
S(주어), V(동사)로 표기하기도 해.

> My father is a soccer fan. 나의 아버지는 축구 팬입니다.
>   S   V
> Hani drinks a lot of coffee. 하니는 커피를 많이 마신다.
> S   V

문장의 형식

앞에서 배운 주어, 동사, 목적어, 보어, 수식어를 순서대로 배열하면 문
장을 만들 수 있어. 그중에서도 동작이나 상태를 나타내는 동사는 문
장의 기준이 되는 중요한 요소야. 그래서 동사가 가진 특성에 따라 영
어 문장을 크게 다섯 가지 형식으로 구분할 수 있지.
문장을 구성하는 성분들이 제멋대로 배열되는 것이 아니라 아무리 복
잡한 문장도 다섯 가지 형식에 맞춰 쓴단다.

첫 번째, 주어와 동사만으로 가장 기본적인 뜻이 전달되는 문장의 형식
이야. 문장을 꾸며 주는 수식어나 수식어구와 함께 쓰이지.

주어 + 동사   I   go   to school.
              주어   동사   수식어
              나는 학교에 간다.

두 번째, 주어와 동사 뒤에 주어의 상태를 설명하는 보어가 필요한 문
장의 형식이야. 이때의 보어는 주어와 동일하기 때문에 주격 보어라
고 불러.

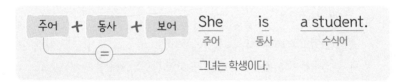

주어 + 동사 + 보어   She   is   a student.
                    주어   동사   수식어
                    그녀는 학생이다.

세 번째, 주어와 동사 뒤에 동작의 대상이 되는 목적어가 필요한 문장의
형식이야. have(가지고 있다)라는 말 뒤에는 '무엇을 가지고 있는지'가
반드시 나와야 해. 목적어가 없이는 문법에도 맞지 않고 어색한 문장
이 되어 버려.

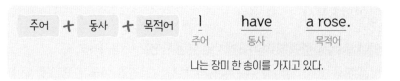

나는 장미 한 송이를 가지고 있다.

네 번째, 주어와 동사 뒤에 간접목적어와 직접목적어가 두 개 쓰인 문장의 형식이야. give(주다) 같은 동사는 누구에게 무엇을 주었는지 밝혀 주어야 하는 특징이 있지.

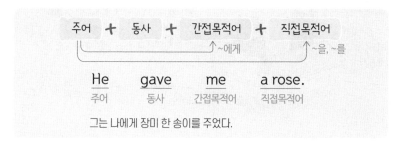

그는 나에게 장미 한 송이를 주었다.

다섯 번째, 주어, 동사, 목적어 다음에 보어가 쓰이는 문장이야. 이때 쓰이는 보어는 목적어를 보충 설명해 주는 목적격 보어란다. 동사 뒤에 나오는 목적어가 무엇인지 다시 한번 설명해 주는 거야.

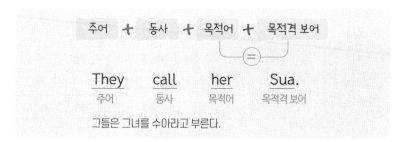

그들은 그녀를 수아라고 부른다.

지금은 간단하게 알아보았는데, 계속 읽어 보면 문장을 만드는 방법을 알 수 있을 거야. 뒤에 또 나와! ☺

영어의 8품사

영어 단어를 성격에 따라 8가지로 분류한 것을 8품사라고 해.
그중에서 명사, 대명사, 동사, 형용사, 부사는 문장을 이루는 핵심 품사야.

8품사를 그림으로 한 눈에 살펴볼까?

명사	사람, 사물, 동식물, 장소 등의 이름을 나타내는 말
대명사	앞에 나온 명사를 대신해서 부르는 말
동사	동작이나 상태를 나타내는 말
형용사	명사의 상태나 성질을 설명해 주는 말
부사	동작이나 상태가 어떤지 덧붙여 설명해 주는 말
전치사	명사 앞에서 시간이나 장소, 위치를 알려 주는 말
접속사	단어와 단어, 구와 구, 절과 절을 연결해 주는 다리 같은 말
감탄사	감탄, 놀람과 같은 감정을 한마디로 표현해 주는 말

이제부터 우리는 각각의 품사에 대해 자세히 공부해 볼 거야.

Let's Go!

풀어 볼 거지?

01. 문장의 주어에 동그라미하고 동사에 밑줄을 그어 보자.

   I eat breakfast.

02. '토끼들은 당근을 좋아한다'를 어순에 맞게 영어로 잘 옮겨진 것은 무엇인지 골라 보자.

   ① Rabbits carrots like.
   ② Like rabbits carrots.
   ③ Rabbits like carrots.
   ④ Carrots like rabbits.

03. 단어들 중 명사에는 동그라미를 그리고 동사에는 세모를 그려 보자.

bread	read	school	like
book	ride	flower	car
run	eat	look	teacher

01. I → 주어, eat → 동사   02. ③   03. ○ → bread(빵) school(학교) book(책) flower(꽃) car(차) teacher(선생님)
△ → read(읽다) like(좋아하다) ride(타다) run(달리다) eat(먹다) look(보다)

명사는 사람이나 사물을 부르는 이름이야.

셀 수 있는 명사와 셀 수 없는 명사를 구분하는 법과

명사의 수와 성격을 말해 주는 관사에 대해서도 공부해 보자.

둘,
어디에나 있는
명사

이름을 나타내는 말 명사

모든 것들에는 이름이 있지.

지수, 연우와 같은 사람들은 물론이고 개, 고양이와 같은 동물이나

연필, 지우개와 같은 사물들도 모두 이름을 가지고 있어.

경험이나 성공과 같은 뚜렷한 형태가 없는 추상적인 개념들도 이름이 있

어. 이렇게 세상 모든 것들의 이름을 나타내는 말을 바로 명사라고 해!

> Jisoo likes flowers.   지수는 꽃을 좋아한다.
>
> 밑줄 친 단어들이 바로 명사야
> 동사를 제외한 모든 자리에 명사를 쓸 수 있지

사람, 동물, 물건 등 세상 모든 것들은 이름으로 구별을 하잖아.

갓 태어난 아기들도 모두 이름을 가지고 있듯이.

책, 가방, 휴대폰처럼 우리가 흔히 볼 수 있는 사물은 물론이고

월요일, 화요일, 수요일… 처럼 요일을 나타내는 말들도 명사란다.

명사는 문장 안에서 주어, 목적어, 보어로 쓰인단다.

> Hana is my friend.   하나는 나의 친구이다.
> 주어   보어
>
> She likes games.   그녀는 게임을 좋아한다.
> 주어(대명사)   목적어

명사는 크게 셀 수 있는 명사와 셀 수 없는 명사로 나눌 수 있어.

이제부터 이 둘을 구분하는 법에 대해 알아보자.

셀 수 있는 명사와 셀 수 없는 명사

이 세상 모든 것들이 가지고 있는 이름 즉, 명사는 크게 두 종류가 있어.
어떤 것들은 하나, 둘 셀 수 있고 어떤 것들은 숫자를 셀 수가 없지.

셀 수 있는 명사
책 한 권, 두 권, 세 권...

셀 수 없는 명사
물

물 하나, 물 둘… 이상하지? 😊

셀 수 있는 명사의 단수와 복수

단수는 한 명의 사람, 한 개의 사물을 말하고
복수는 둘 이상의 사람, 사물을 가리키는 말이라는 것 기억하지?
셀 수 있는 명사는 이렇게 개수에 따라 단수, 복수로 구분할 수 있단다.
셀 수 있는 명사가 한 개일 때는 명사의 발음에 따라 앞에 a나 an을 붙
여서 단수임을 나타내 줄 수 있어.
명사의 발음이 모음(a, e, i, o, u)으로 시작하는 명사가 하나일 때는
단어 앞에 an을 쓰고

an apple (사과 한 개)　　**an umbrella** (우산 한 자루)

명사의 발음이 자음으로 시작하는 단어의 앞에는 a를 붙이지.

a boy (한 소년)　　**a girl** (한 소녀)　　**a book** (책 한 권)

사람이나 사물이 둘 이상일 때는
주로 명사 뒤에 -s를 붙여서 복수 형태로 만들 수 있어.

apples (사과의 복수 형태)   **umbrellas** (우산의 복수 형태)
boys (소년의 복수 형태)   **girls** (소녀의 복수 형태)   **books** (책의 복수 형태)

하지만 -s 규칙이 통하지 않는 단어들도 있단다.
먼저 s로 끝나거나 비슷한 소리 -x, -sh, -ch로 끝나는 명사들이야.
이런 명사들의 뒤에는 -es를 붙여 주는 게 약속이야.

bus (버스) ➜ **buses**   **box** (상자) ➜ **boxes**
bench (벤치) ➜ **benches**   **church** (교회) ➜ **churches**
dish (접시) ➜ **dishes**   **watch** (손목시계) ➜ **watches**

단어 끝이 -o로 끝나는 명사들도 -es를 붙여 주지.

potato (감자) ➜ **potatoes**   **tomato** (토마토) ➜ **tomatoes**

앗, 하지만 예외도 있어.
단어가 -o로 끝났지만 -s만 붙여야 하는 경우야! (◉◡◉)

piano (피아노) ➜ **pianos**   **radio** (라디오) ➜ **radios**

여기까지 잘 따라왔지? 단수 명사와 복수 명사가 쓰인 예문을 보고
다음으로 넘어가 보자.

There is a book on the table. 테이블 위에 책 한 권이 있다.
I have two watches.   나는 손목시계 두 개를 가지고 있다.

그 밖의 변화 형태에 숫자를 붙여 보았어. 소리 내어 읽어봐도 좋아.

① 「자음 + -y」로 끝나는 명사는 y를 i로 고치고 es 붙인다.

candy ➜ candies　　city ➜ cities　　story ➜ stories
(사탕)　　　　　　　(도시)　　　　　　(이야기)

② -f, -fe로 끝나는 명사는 f, fe를 v로 고치고 es 붙인다.

leaf ➜ leaves　　knife ➜ knives　　wolf ➜ wolves
(잎)　　　　　　　(칼)　　　　　　　(늑대)

③ 단어의 일부가 바뀌는 불규칙 변화도 있어.

man ➜ men　　woman ➜ women　　child ➜ children
(남자)　　　　　(여자)　　　　　　(어린이)

④ 단수 형태와 복수 형태가 같은 단어들도 있지.

sheep ➜ sheep　　fish ➜ fish　　deer ➜ deer
(양)　　　　　　　(물고기)　　　　(사슴)

항상 복수 형태로 써야 하는 명사들도 있어.
제 짝을 잃어버리면 쓸모없어져 버리는 것들이지.

jeans (청바지)　　scissors (가위)　　socks (양말)
glasses (안경)　　pants (바지)

☺ 잠깐, 하나 더

정확한 수량을 나타내고 싶다면 숫자를 활용해야 해.

I have five candies.　나는 사탕 다섯 개를 가지고 있어.

셀 수 없는 명사들 (1)

물은 셀 수 없다고 한 것, 기억하지?
셀 수 없는 명사에는 a(an)도
-s도 붙이지 않아.

a wate~~rs~~

셀 수 없는데 어떻게 한 개인지 여러 개인지 구분하겠어?

water(물), juice(쥬스)와 같은 액체, air(공기)나 gas(가스) 같은 기체는
개수를 셀 수가 없어. 또 cheese(치즈), bread(빵), butter(버터) 같은 것
들도 셀 수 없는 명사에 포함된단다.
이것들은 언뜻 생각하면 셀 수 있을 것 같기도 해.
하지만 빵이나 치즈같이 덩어리진 것들은 끝없이 조각낼 수 있지?
한 덩어리였던 것들은 반으로 갈라도 원래의 용도로 사용할 수 있어.
그래서 영어에서는 이것들을 셀 수 없다고 취급해.

sand(모래), rice(쌀), salt(소금), sugar(설탕)과 같이 알갱이가 너무 작은 것
들도 셀 수 없는 명사에 속해.
액체, 기체, 덩어리, 가루와 같은 것들을 물질명사라고 부른단다.
money(돈)도 셀 수 없는 물질명사 중 하나란 걸 함께 기억해 두자.

잠깐, 하나 더

돈은 얼마인지 셀 수 있는데 왜 money는 셀 수 없는 명사냐면?
그건 money가 bill(지폐), coin(동전), dollar(달러)와 같이 돈을 나타내는
모든 명사들을 대표하는 단어라서 그래.
동전이나 지폐는 얼마인지 계산할 수 있지만 one money 혹은 two
money라고 말하지 않듯이 돈이라는 개념은 셀 수 없다는 것! 헷갈리지
말자!

물질명사를 세는 법

물질명사인 water(물), juice(쥬스), bread(빵), butter(버터)와 같은 것들은 셀 수 없어. 잘 생각해 봐. '물 세 개'라고 하지 않고 '물 세 잔'이라고 수량을 표현하잖아. 그래서 액체의 수량을 표기하고자 할 때는 액체를 담는 다양한 용기나 단위를 기준으로 양을 표현한단다.

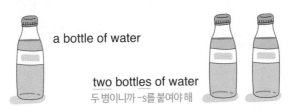

a bottle of water

two bottles of water
두 병이니까 -s를 붙여야 해

물을 담는 용기가 병이라면 bottle(병)을 사용해서 수량을 표기할 수 있어. cup(컵)에 담겨 있는 커피라면 a cup of coffee(커피 한 잔), two cups of coffee(커피 두 잔)라고 표현할 수 있겠지?

셀 수 없는 명사들 (2)

첫 글자를 꼭 대문자로 써야 하는 명사들이 있어.
그런 명사들을 고유명사라고 해.

Where are you from?

I'm from Korea.

What is your name?

My name is Minsun.

고유명사란 특정한 사람이나 나라처럼 고유한 이름을 나타내는 명사야.
그러니까 여러분의 이름이나 우리나라의 이름도 고유명사에 해당되지.
고유명사는 첫 글자를 대문자로 써야 해.
아래에 고유명사와 함께 해당되는 보통명사를 함께 적어봤어.

고유명사	보통명사
Jessi (제시) →	girl (소녀)
Seoul (서울) →	city (도시)
Korea (한국) →	country (나라)
Friday (금요일) →	day (요일)
Han River (한강) →	river (강)
October (10월) →	month (달,월)
Earth (지구) →	planet (행성)
English (영어) →	language (언어)

또 어떤 명사들을 셀 수 없는 명사로 구분해야 할까?
감정이나 성품, 상태 같은 것 들은 눈에 보이지 않지? 그래서 사랑, 시
간 같은 단어들도 명사란다.
눈으로 보거나 손으로 만질 수 없는 개념이나 감정을 나타내는
time(시간), love(사랑), peace(평화), health(건강), music(음악)과 같은
것들을 추상명사라고 해.
추상명사는 형체가 없는 추상적인 개념들의 모임이야.

셀 수 없는 명사의 종류에는 물질명사, 고유명사, 추상명사가 있다는 것과
각각의 특징들을 잘 기억해 두자.

명사는 쓰임이 아주 많지! (..)

그런데 만약 셀 수 없는 명사가 많다는 것을 표현하고 싶다면 어떻게 해야할까?

명사 앞에 much나 a lot of 또는 lots of를 사용해서 양의 많음을 표현해 줄 수 있어.

He doesn't have much money.   그는 돈이 많지 않다.
I have lots of money.   나는 많은 돈을 가지고 있다.

셀 수 있는 명사가 많다는 것을 표현하고 싶을 때는

many를 a lot of 또는 lots of를 사용해서 수의 많음을 나타내 줘.

She has many books.   그녀는 많은 책을 가지고 있다.
They read lots of books.   그들을 많은 책을 읽는다.

a lot of와 lots of는 셀 수 없는 명사와 셀 수 있는 명사 둘 다 함께 쓰일 수 있단다.

작지만 중요한 관사

관사는 명사 앞에 놓이는데,
정관사 a/an와 부정관사 the의 쓰임이 다르단다.

명사 앞에 a나 an을 붙이면 해당 명사가 단수임을 알 수 있었지?
a나 an은 막연한 하나를 가리킨다고 해서 부정관사라고 부른단다.
반면에 정관사 the는 문장 안에서 특정 대상을 가리켜서 말할 때 명사 앞에 붙여 줘. 다음 그림과 예문을 보면 어떤 상황에서 a/an나 the가 쓰이는지 한눈에 구분할 수 있을 거야.

이런, 연필을 두고 왔어!
아무 연필이나 하나 빌리지 않으면
선생님에게 혼이 날 지도 몰라.

친구가 연필 한 자루를
빌려줬는데 연필 끝이
아주 뾰족해.

Do you have a pencil?

여러 개의 연필 가운데 하나,
막연한 연필 한 자루를 의미해

The pencil is sharp.

정관사가 붙은 the pencil은
친구가 빌려준 특정한 연필이야

그밖에 the는 앞에서 말하지 않았어도 이미 서로 아는 것들을 말할 때 쓴단다. 가족들이 집 안에 있는 물건이나 가구들에 대해 알고 있는 것처럼 말이야. 참, 정관사 the는 단수명사, 복수명사 모두와 함께 쓰여.

The bags are in your room.　　그 가방들은 너의 방에 있어.

바이올린, 기타와 같은 악기 이름 앞에도 정관사를 붙인단다.
the violin, the guitar라고 하지.

He plays the guitar very well.　　그는 기타를 잘 친다.

풀어 볼 거지?

01. 셀 수 없는 명사를 골라 보자.

① boy   ② ring   ③ rice   ④ watch

02. 명사의 단수와 복수가 잘못 짝지어진 것은?

① pig − pigs   ② bus − buses

③ foot − feet   ④ city − citys

03. 우리말 해석과 같아지도록 문장을 완성해 보자.

① 나는 세 개의 가방을 가지고 있다.

I have _____. (bag)

② 나에게 콜라 두 잔을 주세요.

Please give me _____. (glass, coke)

04. 빈 칸에 관사 a, an, the 중 하나를 골라 써 보자.

① He wants _____ new bag.

② I have _____ idea.

③ I know a man. _____ man is a singer.

04. ① a ② an ③ The
03. ① three bags ② two glasses of coke
01. ③   02. ④

둘, 어디에나 있는 명사 35

대명사는 앞에 나온 명사가 다시 나올 때 대신 부르는 말이란다.

대명사는 명사를 대신하기 때문에 문장 안에서

명사와 똑같은 역할을 할 수 있어.

셋,
편리하게 쓸 수 있는
대명사

명사를 대신하는 대명사

우리말에서도 영호를 '그', 윤하와 민선이를 '그들'이라고 쓸 수 있지?
이렇게 이름을 대신해서 쓰는 말을 대명사라고 해.

명사가 반복되지 않게 대명사를 넣어 주면 꼬박꼬박 명사를 쓸 때 보다 말할 때나 글을 쓸 때 훨씬 편리해. 아래의 인터뷰를 함께 볼까?

초현실주의 작가 살바도르 달리의 특별전이 이달 25일부터 예술의 전당에서 개최될 예정입니다. 이번 전시에서는 살바도르 달리의 작품뿐만 아니라 살바도르 달리가 작업을 하던 곳을 재현한 공간도 함께 준비되었습니다.

'살바도르 달리'의 긴 이름을 매번 언급하기가 쉽지 않지?
똑같은 명사가 계속해서 반복되면 문장은 자꾸자꾸 길어져 버려.
그렇다면 '살바도르 달리'의 이름이 두 번째로 언급되는 부분부터는
대명사 '그'를 넣어보자.

초현실주의 작가 살바도르 달리의 특별전이 이달 25일부터 예술의 전당에서 개최될 예정입니다. 이번 전시에서는 그의 작품뿐 아니라 그가 작업을 하던 곳을 재현한 공간도 함께 준비되었습니다.

반복되는 이름을 대명사로 바꾸니까 문장이 훨씬 산뜻해졌지.

아니라고? 설마! ◡̈

대명사는 무엇이든 대신할 수 있어.
먼저 사람을 대신하는 인칭대명사에 대해 공부해 보자.

격에 따라 변하는 인칭대명사

인칭대명사는 사람과 사물의 이름을 대신해 쓰는 말이야.
인칭대명사는 인칭과 수와 격에 따라 모양이 변하고 다르게 해석이 된단다.

먼저, 여기서 인칭이란 무엇일까?
1인칭은 말하는 사람인 나(I) 와 우리(we),
2인칭은 말을 듣는 사람인 너(you)와 너희들(you)
3인칭은 그 외의 사람 또는 동물이나 사물의 단수 형태, 복수 형태를 말해.

수는 혼자인지(단수) 여럿인지(복수)를 구분하는 것이고
격은 인칭대명사가 문장에서 어떤 역할을 하는가에 따라 단어의 형태와 뜻이 달라지는 것을 말해.

주어 자리에 오는 대명사는 '~은, ~는'이라고 해석하고,
목적어 자리에 오는 대명사는 '~을, ~를'이라고 해석해야 해.

You are my friend.	너는 나의 친구이다.
I like you.	나는 너를 좋아해.

위 예문의 you는 각각 주어 자리와 목적어 자리에 쓰였어.
그러니까 You are my friend의 'you'는 '너는'으로 해석하고
I like you의 'you'는 '너를'로 해석해야겠지?

인칭대명사는 쓰이는 자리에 따라 다른 역할을 해.
아래 표에 인칭대명사의 수와 격에 따른 형태 변화를 정리했어.

수	인칭	주격 (~은/~는 ~이/~가)	소유격 (~의)	목적격 (~을/~를 ~에게)	소유대명사 (~의 것)
단수	1인칭	I (나)	my	me	mine
	2인칭	you (너)	your	you	yours
	3인칭	he (그)	his	him	his
		she (그녀)	her	her	hers
		it (그것)	its	it	−
복수	1인칭	we (우리)	our	us	ours
	2인칭	you (너희)	your	you	yours
	3인칭	they (그들, 그것들)	their	them	theirs

문장이나 대화에서 가리키는 인물이 남자라면 주격 인칭대명사로 he,
여자라면 she를 쓰면 돼. 그와 그녀가 함께라면 복수니까 they라고 할
수 있겠지? they는 사람, 사물, 동물이 여럿인 경우에 모두 쓰여.
'나'를 포함한 인원이 두 사람 이상일 때는 '우리' we라고 한단다.
사물이나 동물의 단수 표현은 it을 쓰겠지! ☺

그럼 인칭대명사의 격에 따른 쓰임에 대해 자세히 알아보자.
문장의 맨 앞 주어 자리에는 주격 인칭대명사가 쓰이고
다음 예문에서 처럼 '~은, ~는, ~이, ~가'로 해석된단다.

He is tall.　　　　　그는 키가 크다.

소유격 인칭대명사는 '~의'라는 뜻으로 해석하고, 명사 앞에서 명사가 누구의 것인지 소유관계를 나타내고 명사를 설명해 주지.

Her book is on the desk. 그녀의 책은 책상 위에 있다.

목적어 자리에 쓰이는 목적격 인칭대명사는 '~을, ~를'로 해석한단다.

I know him well.　　　　나는 그를 잘 안다.

목적격 인칭대명사는 '~에게'로 해석될 때도 있단다.

He send me a text every day.
그는 나에게 매일 문자를 보낸다.

소유대명사는 앞에서 배운 주격, 소유격, 목적격과는 조금 다른 개념이야. 소유대명사는 '~의 것'이라는 뜻을 가지고 있는데 그 자체가 「소유격 + 명사」를 대신해. 그러니까 아래 예문에서 쓰인 his는 '그의 것'이라는 뜻으로 「소유격 his + 명사 bag」를 의미해.

This bag is his.　　　　그 가방은 그의 것이다.
his bag

😊 잠깐, 하나 더

소유격은 뒤에 반드시 명사가 있어야 하고,
소유대명사는 그 자체가 '~의 것'이라는 뜻을 가지기 때문에 명사가 따라
붙지 않는단다.

These are his shoes.	이것들은 그의 신발이다.
소유격 his: 그의(명사와 함께 쓰여)	
Where is Mark's jacket?	마크의 겉옷은 어디 있어?
His is on the sofa.	그의 것은 소파 위에 있어.
소유대명사 his: 그의 것(his jacket을 가리키고 단독으로 사용해)	

he의 소유격과 소유대명사는 his로 같지만 격에 따른 쓰임을 잘 생각
해 보면 둘의 역할을 구분해 내기 어렵지 않을 거야.
인칭대명사 표는 주어, 목적어, 보어 자리에 알맞은 격을 쓰고 소유관
계를 명확히 나타내 주기 위해 꼭 외워두도록 하자.

😲 쌤, 질문이요

Q. '나의'는 my, '나의 것'은 mine인데 '지수의 것, 나의 남동생의 것' 같
   은 것 들은 어떻게 써야 해요?

A. 명사의 소유격은 명사 뒤에 '(아포스트로피)와 -s를 써서 '~의, ~의 것'
   이라는 것을 나타내 준단다.
   예를 들어 Jisoo's는 '지수의, 지수의 것'으로 해석해.

This is Jisoo's book.	이것은 지수의 책입니다.
This book is Jisoo's.	이 책은 지수의 것입니다.

사람이나 사물을 대신하는 지시대명사

지시대명사는 '이것, 저것'처럼 눈에 보이는 사람이나 사물, 동물을 가리키는 대명사를 말해.

this는 공간적으로 가까운 것을 나타내는 대명사로 '이것'이라는 뜻이란다. 공간적으로 가깝다는 말이 조금 애매하게 들리지?
내가 있는 자리에서 쉽게 손에 닿는 것들은 공간상 가까이에 있다고 할 수 있지. 만약 가리키는 대상이 둘 이상이면 these를 쓰고 '이것들'이라고 해석한단다.

this	these
This is a carrot. 이것은 당근이다.	These are carrots. 이것들은 당근이다.

that은 멀리 떨어져 있는 것을 가리킬 때 쓰는 대명사로 '저것'이라고 해석하지 가르키는 대상이 여럿일 경우에는 those를 쓰고 '저것들'이라고 해석한단다.

that	those
That is an orange. 저것은 오렌지이다.	Those are oranges. 저것들은 오렌지이다.

사람을 소개할 때도 지시대명사를 쓸 수 있어.

This is my teacher. 이 분은 내 선생님이다.	Is that your father? 저 분이 너의 아버지이니?

비인칭 주어 it

인칭대명사 it은 사물이나 동물을 가리킬 때 쓸 수 있다고 했지?

모양은 같지만 쓰임이 다른 it의 역할을 한 가지 더 알아두도록 하자.
비인칭 주어 it은 시간, 날짜, 요일, 날씨, 계절, 거리, 명암 같은 것들을
나타낼 때 문장의 주어로 쓰여. 아래 예문처럼 말야.

It is 8 o'clock.	여덟 시이다.	시간
It is May 9th.	5월 9일이다.	날짜
It is Monday today.	오늘은 월요일이다.	요일
It is hot outside.	밖은 덥다.	날씨
It is far from here.	여기로부터 멀다.	거리
It is dark outside.	밖은 어둡다	명암

비인칭 주어 it은 특별한 의미가 없기 때문에 해석하지 않아.

'그것'이라고 해석하면 안 돼. ☺

막연한 대상을 가리키는 부정대명사

one은 앞에 나온 명사와 종류는 같지만 정해지지 않은 대상을 대신해.
가리키는 대상이 다른 경우에 반복을 피하기 위해 사용하지.
아래 예문의 one은 앞 문장의 a pen과 같은 종류지만 정해지지 않은
하나를 나타내.

> I need a pen. Do you have one?
> 나 펜이 필요해. 하나 가지고 있니?

앞에서 언급된 명사가 복수일 때는 ones를 써야 해.
「수식어(명사를 꾸며 주는 말) + ones」의 형태로 쓰일 수 있어.

> These dishes are dirty. I need clean ones.
> 이 접시들은 더러워. 나는 깨끗한 것들이 필요해.
> My scissors are broken. I want new ones.
> 내 가위가 부러졌어. 나는 새것을 하나 원해.

기억하지? scissors(가위)는 항상 복수형으로 쓰이는 명사이기 때문
에 부정대명사 ones가 새 가위 한 개를 대신해서 쓰이는 것이란다.

자주하는 실수

부정대명사 one과 대명사 it
부정대명사 one은 정해지지 않은 것을 가리킨다고 했지?
앞에서 언급된 특정한 명사를 가리킬 때는 대명사 it을 쓴단다.

> My mom bought me a bag. I like it.
> 앞 문장의 bag을 가리키지
> 엄마가 나에게 가방을 사 주었다. 나는 그것이 좋다.

some과 any는 '약간의, 몇몇의' 또는 '어떤' 등의 뜻으로 정해지지 않은 수나 양을 나타내.

문장에서 대명사로 쓰이기도 하고 형용사로 쓰일 때도 있어.

some은 주로 긍정문에 쓰이고, any는 부정문, 의문문, 조건문에 쓰여.

> Some of the students are from Vietnam.
> 몇몇 학생은 베트남 출신이다.
>
> I don't like any of these.
> 나는 이것들 중 어느 것도 좋아하지 않는다.

첫 번째 문장에서 some은 '몇몇은'의 뜻으로 전체 중 일부를 나타냈어.

두 번째 예문에서 any는 부정문에서 '어떠한 것'이라는 뜻으로 쓰였단다.

풀어 볼 거지?

01. 그림에 맞는 인칭대명사를 골라 문장을 완성해 보자.

① _____ are friends.

② _____ is my teacher.

③ _____ is my cat.

④ _____ is a doctor.

┌ 보기 ──────────
│   he   she
│   it   they
└─────────────────

02. 괄호 안에서 알맞은 것을 골라 보자.

① (This, These) apple is red.

② I like (that, those) boy.

③ (It, This) is April 1st.

03. 우리말을 영어로 바르게 옮긴 것을 골라 보자.

① He is my uncle.

② This is my uncle.

③ It is my uncle.

④ These man is my uncle

┌ 보기 ──────────
│ 이 분은 나의 삼촌이다.
└─────────────────

01. ① They ② She ③ It ④ He   02. ① This ② that ③ It   03. ②

be동사는 주어가 '~이다'라고 말하는 동사이고

일반동사는 주어의 움직임을 '~하다'라고 설명하는 동사란다.

be동사와 일반동사의 부정문과 의문문을 만드는 방법도

공부해 볼 거야.

넷,
동사의 모든 것

동사의 기본 be동사

주어, 동사는 문장을 이루는데 빠질 수 없는 필수 요소야. 그래서 모든 문장에는 반드시 주어와 동사가 있어야만 해.

동사는 문장의 주인인 주어의 움직임을 나타내 주는 일반동사와 주어의 상태나 존재를 나타내 주는 be동사로 나눌 수 있어.

동사 없이는 문장이 완성될 수 없어. 아래 예문에서처럼 단순한 단어들의 나열처럼 보이게 될 뿐이지. 하지만 알맞은 자리에 be동사를 넣으면 문장을 완성시킬 수 있어. 지금부터 be동사에 대해 배워 보자.

she	a student	그녀	학생
we	friends	우리	친구들
I	hungry	나	배고픈

인칭대명사와 be동사

be동사는 '~이다, ~있다'의 뜻으로 주어의 상태를 말해 줘. 그런데 주의할 점이 있어. be동사는 주어의 영향을 받아서 주어의 인칭과 수에 따라 모양이 달라져.

| I am a student. | 나는 학생이다. |
| You are my friend. | 너는 나의 친구이다. |

그래서 지금 '~이다'를 표현하는 문장을 쓸 때는 be동사의 am/are/is 중 하나와 주어를 짝지어 주어야 해.

주어가 I(나)일 때는 am을 쓰고, You(너)일 때는 are를 써야 해.

주어가 We(우리), You(너희들), they(그들)와 같이 복수일 때도 are를 써.

He(그), She(그녀), it(그것)처럼 3인칭 단수가 주어일 때는 is를 쓰지.

자, 그럼 be동사를 넣어서 문장을 완성시켜 보자.

주어를 유심히 보면 어떤 be동사와 짝이 되는지 쉽게 보일 거야.

She is a student.	그녀는 학생이다.
We are friends.	우리는 친구들이다.
I am hungry.	나는 배고프다. 「배고픈 + ~이다」

be동사는 명사와 함께 쓰이면서 주어의 이름이나 신분을 나타낼 수 있어. (학생이다 → 「명사 + 이다」, 친구들이다 → 「명사 + 이다」)

형용사와 함께 쓰인 be동사는 주어의 상태나 성질을 나타내지. (배고프다 → 「형용사 + 이다」)

형용사는 사람, 사물의 성질이나 모양, 상태를 나타내는 말이야.

예문의 hungry는 '배고픈'이라는 뜻의 상태를 나타내는 형용사란다.

형용사에 대해서도 함께 공부할 거니까 너무 걱정하지 말려무나. (◡‿◡)

😊 잠깐, 하나 더

주어인 인칭대명사와 be동사를 간단하게 줄여 쓸 수 있는 법을 조금 어려운 말로 '축약'이라고 해.

주어인 인칭대명사와 함께 쓰인 be동사는 축약할 수 있단다.

I am	you are	he is	she is	it is	we are	they are
⇩	⇩	⇩	⇩	⇩	⇩	⇩
I'm	you're	he's	she's	it's	we're	they're

be동사의 부정문

부정문은 '~이 아니다'와 같이 부정의 의미를 나타내는 문장이야.
긍정문과는 반대의 의미겠지?

be동사가 들어간 문장은 be동사 다음에 not을 붙여서 부정문을 만들
어 줄 수 있어.

> I am not hungry.   나는 배가 고프지 않아.
> She is not a student.   그녀는 학생이 아니다.

is not은 isn't, are not는 aren't와 같이 축약형으로 쓸 수 있다는 것
도 함께 기억해 두자.

😊잠깐, 하나 더

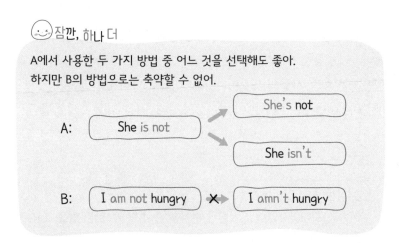

A에서 사용한 두 가지 방법 중 어느 것을 선택해도 좋아.
하지만 B의 방법으로는 축약할 수 없어.

A: She is not → She's not / She isn't

B: I am not hungry ✗ I amn't hungry

be동사의 의문문

의문문을 만들고 싶을 때는 **be동사를 주어 앞으로** 보내면 간단히 해결할 수 있어. 결국 주어와 동사의 자리를 바꾸어 주는 셈이지.
의문문이니까 문장 끝에 물음표도 꼭 붙여줘야 해.

He is tall. ➡ Is he tall?
주어 동사   동사 주어   물음표
그는 키가 크다.   그는 키가 크니?

의문문에 대답하는 법도 알아야겠지!   알고 있다고? 훌륭해!
질문에 긍정이면 「Yes, 주어 + be동사」의 순서로 대답하고
부정하고 싶다면 「No, 주어 + be동사 + not」의 순서로 대답하면 돼.

Is he a nurse?   그는 간호사니?

⬇

Yes, he is.   응, 그는 간호사야.
긍정의 대답에서 「주어 + be동사」는 줄여 쓰지 않아 Yes he's (X)

No, he isn't.   아니, 그는 간호사가 아니야.
부정으로 대답할 경우 「be동사 + not」의 줄임말을 주로 써

의문문에 대답할 때는 주어를 문맥상 알맞은 대명사로 바꾸어 대답해야 한단다.

Are you and Yoonha best friends?
너와 윤하는 친한 친구니?

⬇

Yes, we are.   응, 우리는 친한 친구야.
No, we aren't.   아니, 우리는 친한 친구가 아니야.

상대방이 나에 대해 물어본다면(Are you?) 대답할 때의 주어는 당연히 내가(I) 되겠지? 의문문의 주어를 따라 대답한다면 우스운 대답이 되겠지.

Are you a middle school student?
너는 중학생이니?

Yes, I am.   응, 나는 중학생이야.
No, I'm not.   아니, 나는 중학생이 아니야.

 자주하는 실수

Are you~?에 대한 대답은 무엇일까?

2인칭 주어 'you'는 '너'와 '너희들'일 때 똑같이 you를 쓰지.
의문문의 주어가 한 명일 때는 'Yes I am.'으로 여러 명일 때는 'Yes, we are.'로 대답해서 단수와 복수를 구분할 수 있어.

풀어 볼 거지?

01. 괄호 안에서 알맞은 be동사를 골라 보자.

① He (am/is/are) a baseball player.
② We (am/is/are) the team.
③ The trees (am/is/are) big.

02. 우리말 해석에 맞게 문장을 완성해 보자.

① 나는 유명한 배우가 아니다.
I _____ a famous actor.

② 그들은 좋은 이웃이다.
They _____ good neighbors.

③ 너희 아빠는 소방관이시니?
_____ a firefighter?

03. 빈 칸에 공통으로 들어갈 수 있는 단어는 무엇일까?

• She _____ happy now.
• There _____ a fountain in the park.

＊fountain 분수

01. ① is ② are ③ are   02. ① am not ② are
③ Is your dad(or father)   03. is

움직임을 나타내는 일반동사

동사란 움직임을 나타내는 말이야.
노래하고, 달리고, 읽고, 생각하고 …

dance 춤추다, sing 노래하다 처럼 직접 몸을 움직이는 것들은 물론이고
think 생각하다, dream 꿈꾸다 같이 눈에 보이지는 않지만 감정이나
생각들의 상태를 나타내는 것들도 동사야.

drink   dream   think

dance   sing   jump

앞에서 배운 be동사 이외의 동사는 모두 일반동사라고 할 수 있지.
be동사가 '~이다'라는 뜻을 가지면서 주어의 상태를 설명하는 것처럼
일반동사는 '~하다, ~한다'의 뜻으로 주어의 움직임을 말해줘.
모든 문장에는 반드시 한 개의 동사가 있어야 해.

자, 그럼 아래 빈칸에 동사를 넣어 문장을 완성해 보자.

I _____ grapes. ➔ I like grapes. 나는 포도를 좋아한다.

일반동사인 like를 넣으면 '나는 포도를 좋아한다'는 문장을 완성할 수 있지. like 같은 동사들은 주어와 동사만으로 문장을 완성할 수 없어. 무엇을 좋아하는지 말해 주는 목적어 없이는 뜻이 통하지 않거든. like처럼 목적어가 필요한 동사들을 타동사라고 해. like는 대표적인 타동사야.

목적어가 필요한 동사는 아래 예문처럼 명사를 목적어로 가질 수 있어.

I need a new computer. 나는 새 컴퓨터가 필요하다.
목적어가   동사의 목적어
필요한동사

동사의 목적어로 인칭대명사의 목적격이 쓰일 수도 있단다.

I meet him every day. 나는 매일 그를 만난다.
목적어가   동사의 목적어
필요한동사

반면에 목적어가 필요 없는 동사들도 있지. 이런 동사들을 자동사라고 해.

I go. 나는 간다.   I sleep. 나는 잔다.

어디로 가는지, 어디서 자는지 의미를 더해서 문장을 꾸며줄 수도 있지만 go나 sleep 같은 동사는 목적어 없이 혼자 쓰일 수 있어.

문장을 꾸며 줄 때는 명사와 전치사가 함께 쓰인단다.

I go to school.
나는 학교에 간다.

I sleep in the bed.
나는 침대에서 잔다.

전치사에 대한 설명은 나중에 자세히 해 줄게. (◡‿◡)

일반동사의 변화

be동사처럼 일반동사도 주어의 수와 인칭에 따라 모양을 변화시킨단다.

주어가 1인칭 I(나), 2인칭 You(너)일 때는 동사의 모양이 변하지 않아.
모양이 변하지 않은 동사의 원래 형태를 동사원형이라고 해. 인칭에
관계없이 주어가 복수일 때도 동사원형을 쓴단다.

I learn English.   나는 영어를 배운다.
You learn English.   너는 영어를 배운다.
They learn English.   그들은 영어를 배운다.
The students learn English. 그 학생들은 영어를 배운다.

반면에 주어가 3인칭 단수일 때는 동사의 끝에 -s를 붙여야 해.
이런 동사의 형태 변화를 동사의 3인칭 단수형이라고 해.

She learns English.   그녀는 영어를 배운다.
He plays the violin well. 그는 바이올린을 잘 연주한다.

대부분의 동사는 learn – learns, play – plays처럼 동사에 -s를 붙여.
그리고 몇 가지 기억해 두어야 할 동사의 변화 형태들이 있어.
-s, -x, -ch -sh, -o로 끝나는 동사들은 -es를 붙여 줘야 해.

miss – misses (놓치다) fix – fixes (고정하다) catch – catches (잡다)

brush – brushes (닦다, 빗다) go – goes (가다)

「자음 + y」로 끝나는 동사는 y를 i로 고치고 -es를 붙여 주고

study (공부하다) – studies cry (울다) – cries

「모음 + y」로 끝나는 동사는 -s만 붙여 주면 돼!

buy (사다) – buys say (말하다) – says

불규칙적으로 변하는 동사도 있다는 것도 기억해 두자.

have (가지다) – has

정리해 보면 일반동사는 주어의 수에 따라 동사원형과 동사의 3인칭 단수형의 두 가지 형태로 나누어지는 것이지.

주어가 I, you, 복수일 때

I play the violin.
나는 바이올린을 연주한다.

3인칭 단수일 때

Yuna plays the violin.
유나는 바이올린을 연주한다.

일반동사의 부정문

말하는 사람이 자신의 생각을 평범하게 설명하는 문장을 평서문이라고 해. 평서문에 '~하지 않다'는 뜻만 더해 주면 부정문을 완성시킬 수 있어.

be동사의 경우엔 아주 간단했지. be동사 뒤에 not을 붙여준 거 기억하지?

> I am not lazy.　나는 게으르지 않다.

일반동사의 부정문을 만들 때는 **do not**이나 **does not**의 특별한 도움이 꼭 필요해.

> I do not eat carrots.　나는 당근을 먹지 않는다.

동사가 현재형이고 주어가 1인칭, 2인칭 그리고 복수형일 때는
동사 앞에 do not을 넣어서 부정문을 만들어 줄 수 있단다.
do not은 **don't**로 줄여 쓸 수 있어.

> They don't eat carrots.　그들은 당근을 먹지 않는다.

단, 주어가 3인칭 단수인 현재형 문장 앞에는 do not 대신에 **does not**
을 써서 부정문을 만들어 준단다.
그리고 does not 뒤에는 항상 동사원형을 써 줘야 해.

> She does not like him. (부정문) 그녀는 그를 좋아하지 않는다.
> 　doesn't로　　　동사원형
> 　축약할 수 있어.

일반동사의 의문문

이번엔 궁금증을 해결하는 의문문을 만들어서 질문을 해 보자.
이번에도 do와 does의 도움이 필요해.

> **You** hate **them.**　　　너는 그들을 싫어한다.

위 문장처럼 일반동사가 쓰인 문장은 어떻게 의문문을 만들어 줄까?
아주 간단해. 문장은 그대로 두고 주어 앞에 Do를 붙여 주지.
주어가 I, You 또는 복수일 때는 Do와 함께 쓰여.

> **Do** you hate them?　　　너는 그들을 싫어하니?

주어가 **3인칭 단수**인 현재형 문장 앞에는 Do 가 아니라 Does를 써.
그리고 Does 뒤에는 꼭 동사원형을 써야 해.

> **She** hates **them.**　　　그녀는 그들을 싫어한다.
> **Does** she hate **them?**　　　그녀는 그들을 싫어하니?

자, 그럼 일반동사가 쓰인 의문문에 어떻게 대답해야 할까?
Do가 쓰인 문장에서는 do를 Does가 쓰인 문장에서는 does를 사용
해서 대답해 주면 되겠지.

> **Do** you like him?
> 그를 좋아하니?
> Yes, I do.　　응, 좋아해.
> No, I don't.　　아니, 안 좋아해.

> **Does** she eat onion?
> 그녀는 양파를 먹니?
> Yes, she does.　　응, 먹어.
> No, she doesn't.　　아니, 먹지 않아.

Q. do는 '하다'라는 뜻을 가진 동사 아니였나요?
   'I do my homework at night.'과 같은 문장에서 처럼요.

A. 의문문과 부정문을 만들 때 쓰이는 do와 does는 '하다'라는 뜻을 가진 일반동사 'do, does'와 모습은 같지만 마치 성격과 행동이 다른 쌍둥이 같은 것이란다.
   일반동사 do와 똑같은 모습이지만 아무런 뜻이 없고 일반동사를 부정문이나 의문문으로 만들 때 꼭 필요한 도우미 역할을 해.

자주하는 실수

| I am like grapes. (✗) | I like grapes. (○) |

일반동사(like)가 있다면 be동사(am)는 필요 없어.
동사는 문장을 구성하는데 꼭 필요하지만 한 개만으로 충분해! 일반동사가 있는 현재형 문장에 be동사를 함께 쓰지 않도록 주의하자.

풀어 볼 거지?

01. 동사의 3인칭 단수 현재형이 잘못 짝지어진 것은 무엇일까?

① carry – carries   ② like – likes

③ have – has   ④ wash – washs

02. 문장을 부정문으로 바꾸어 써 보자.

He lives here.

➡ _____ _____ _____ _____.

03. 문장을 의문문으로 바꾸고 대답을 써 보자.

They clean their classroom.

➡ _____ they _____ their classroom?

No, they _____.

04. 문장을 주어진 주어로 시작하여 다시 써 보자.

They play baseball after school.

➡ Hana _____ _____ _____ _____.

형용사를 넣어서 사람이나 사물의 상태나 모양,

성질을 설명하는 방법에 대해 알아보자.

그리고 다른 말을 도와 자세한 설명을 덧붙여 주는

부사에 대해서도 알아보자.

다섯,
형용사와 부사

형용사와 부사

형용사와 부사는 다른 단어들의 상태나 성질을 자세하게
설명해 주고 꾸며 주는 역할을 해.

명사와 동사로 문장의 뼈대를 세우고 나서 형용사나 부사 같은 것들로
살을 붙여 줘야 생생하고 구체적인
문장을 만들어 낼 수 있지.
가수들의 무대에 필요한 것은 마이크
와 스피커뿐일까? 화려한 조명과 꽃가
루가 멋을 더해 주는 것처럼 형용사와
부사는 대화를 더욱더 풍성하게 만들
어준단다.

정보를 더해 주는 형용사

형용사는 **사람이나 사물의 성질이나 상태를 나타내는 말**로 명사를
꾸며 주는 말이야.
명사의 크기나 모양, 성질이나 상태, 개수, 색 등을 설명해 줄 수 있어.

크기/모양	big(큰) small(작은) tall(키가 큰) short(키가 작은, 짧은)
성질/상태	fast(빠른) slow(느린) new(새로운) old(오래된)
수	two(두 개의) four(네 개의) seven(일곱 개의)
색깔	black(검은색의) white(흰색의) blue(파란색의)

우리말에도 빨간, 신선한, 작은과 같은 형용사들이 토마토라는 명사를 꾸며줄 수 있지? 영어에서도 형용사를 사용하면 다양한 표현으로 토마토의 상태를 설명해 줄 수 있어.

형용사는 명사나 대명사 앞에서 여러 가지 의미를 더해 주곤 해.

a red tomato
관사가 필요한 경우에는 관사를 먼저 써 주고 그다음에 형용사를 써

형용사는 꾸밈 받는 대상이 없이 혼자 쓰일 순 없지만 그렇다고 문장에서 형용사를 빼버리면 말하고자 하는 의도가 희미해진단다.
아래 문장에서 '신선한'이라는 뜻의 형용사 fresh를 빼버린다면?
토마토의 상태가 어떤지 영영 알 수 없게 되어 버리지.

These are fresh tomatoes.   이것들은 신선한 토마토이다.

형용사는 주로 문장에서 명사를 수식하거나 be동사, 감각동사 뒤에서 주어의 상태를 설명해 주는 보어로 쓰여.

These tomatoes are red.   이 토마토들은 붉은색이다.
These tomatoes look fresh.   이 토마토들은 신선해 보인다.

😊 잠깐, 하나 더

감각동사는 feel(~한 기분이 들다), look(~해 보이다), sound(~하게 들리다), taste(~한 맛이 나다), smell(~한 냄새가 나다)와 같이 사람의 감각을 표현하는 동사들이야. 감각동사 뒤의 보어 자리에는 항상 형용사가 온단다.

수와 양을 나타내는 형용사

수량은 사람이나 사물의 많거나 적음을 나타내는 말이야.

우리가 앞에서 배운 명사 부분에서 셀 수 있는 명사와 셀 수 없는 명사를 구분했던 것 기억하니? 셀 수 있는 명사는 하나, 둘 하고 수를 셀 수 있지만 셀 수 없는 명사는 많은, 약간의, 조금씩 등의 표현으로 양의 많고 적음을 나타낼 수 있었어.

수량 형용사는 명사 앞에서 명사의 수나 양을 나타내는 형용사를 말해. 뒤따라 오는 명사의 종류에 따라 쓰이는 경우가 다르지.

그래서 뜻은 같아도 쓰임을 구분해야 해.

어렵지 않으니까 걱정하지 마. 😊

먼저 셀 수 있는 명사와 함께 쓰이는 수량 형용사에는

many(많은), a few(약간의, 조금), few(거의 없는)가 있어.

I have many books. 셀수있는 명사	나는 책이 많다.
I have a few books.	나는 책이 약간 있다.
I have few books.	나는 책이 거의 없다.

68

또, 셀 수 없는 명사와 쓰이는 much(많은), a little(약간의, 조금), little(거의 없는)이 있지.

I have much time.
　　　　　셀 수 없는 명사
I have a little time.
I have little time.

나는 시간이 많이 있다.
나는 시간이 약간 있다.
나는 시간이 거의 없다.

a lot of와 lots of는 many나 much를 둘 다 대신해서 쓸 수 있어.
셀 수 있는 명사와 셀 수 없는 명사 앞에 모두 쓰이지.

I have lots of friends.
She drinks a lot of water.

나는 친구가 많다.
그녀는 물을 많이 마신다.

하지만 부정문에서는 여전히 many나 much를 주로 사용해.

He doesn't have many friends.
They don't have much time.

그는 친구가 많지 않다.
그들은 시간이 많지 않다.

😎 자주하는 실수

a few와 a little은 긍정의 의미로, few와 little은 부정의 의미로 쓰여.
a few와 a little 앞에는 관사 a가 있지?
조금, 약간이라도 있는 긍정의 의미로 쓰이는 거란다.

I have a little money.
She has little money now.

나는 돈을 조금 가지고 있어.
그녀는 돈이 거의 없다.

의미를 더해 주는 부사

부사는 도움을 주는 말이라는 의미를 가지고 있어.
명사를 제외한 나머지 품사들과 문장 전체를 수식하지. 예문과 함께
어떤 품사들을 꾸며 주는지 알아보자.

첫 번째 예문 'I eat'는 주어와 동사가 올바로 쓰였지만 뭔가 허전하지?
두 번째 문장처럼 부사를 사용하면 주어가 '어떻게' 먹는지 자세히 설
명해 줄 수 있어. '느리게'라는 부사가 동사를 수식해 준 것이란다.

I eat.	나는 먹는다.
I eat slowly.	나는 느리게 먹는다.
동사 부사	

부사는 형용사를 꾸며줄 수도 있어. 이때 부사의 자리는 형용사 앞이야.

It's very cold.	매우 춥다.
부사 형용사	

또, 부사는 제 자신이 부사이면서 다른 부사를 꾸며 줄 수도 있고
문장의 맨 앞에서 문장 전체를 꾸며 주는 역할도 한단다.

She runs so fast.	그녀는 매우 빠르게 달린다.
부사 부사	
Finally, she fell asleep.	마침내, 그녀는 잠이 들었다.
부사	

대부분의 부사는 형용사 뒤에 ly나 y를 붙여서 만들어 줄 수 있어.

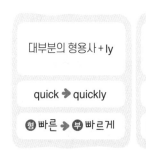

다음 단어들은 모두 부사란다. 부사는 -ly로 끝나는 단어들이 많지.

kindly (친절하게)   quietly (조용하게)   easily (쉽게)
softly (부드럽게)   slowly (느리게)   safely (안전하게)
luckily (운 좋게)   loudly (시끄럽게)

그렇다고 해서 모든 부사가 -ly로 끝나는 것은 아니란다.
good(좋은)은 well(잘)처럼 예외적인 형태로 변하기도 해.

He did well on the test.   그는 그 시험을 잘 봤다.

형용사와 형태가 같아서 아주 헷갈리는 부사들도 있어.

fast	형 빠른	부 빠르게	early	형 이른	부 일찍
near	형 가까운	부 가까이	late	형 늦은	부 늦게
high	형 높은	부 높이	hard	형 어려운	부 열심히
				딱딱한	

외워 두자! (◡‿◡)

형용사일 때와 부사일 때 단어의 모양이 같은 것들은
문장에서 무엇을 꾸미고 있는지 잘 살펴봐야 해.

명사 앞에서 명사를 꾸며 주거나 동사 뒤에서 명사를 설명해 주면 형용사
동사나 형용사, 문장 전체를 꾸며 주면 부사야. 간단하지? (◡‿◡)

We were <u>late</u> for the concert. 우리는 콘서트에 늦었다.
우리가 '늦은' 상태를 설명하는 형용사

I woke up <u>late</u> today. 나는 오늘 늦게 일어났다.
동사를 꾸미는 부사

부사에 -ly가 붙어서 전혀 다른 뜻의 부사가 되는 경우도 있어.

She has been busy lately. 그녀는 최근에 바빴다.

late은 부사로 '늦게'라는 뜻이지? 그런데 여기에 ly를 붙이면
'최근에'라는 전혀 다른 뜻이 된단다.

hardly 🔵 거의~않다 highly 🔵 매우

(◡‿◡) 잠깐, 하나 더
명사에 -ly가 붙은 형태는 모양은 부사 같지만 형용사란다.
love 🟢 사랑 lovely 🟠 사랑스러운
friend 🟢 친구 friendly 🟠 친절한

72

빈도부사

부사는 문장 곳곳에서 다른 품사를 꾸미고 도와 주는 역할뿐만 아니라 부가적인 정보를 나타낸단다.

빈도라는 것은 어떤 일이 일어난 횟수를 의미해. 빈도부사는 어떤 일이 얼마나 자주 일어나는지 나타내는 부사란다.

빈도 0%   빈도 100%

never	sometimes	often	usually	always
전혀 ~않다	가끔	자주	보통, 대개	항상

빈도부사를 사용해서 문장을 한 번 만들어 보자.

> I always get up at seven.　　나는 항상 일곱 시에 일어난다.

예문에서 빈도부사는 동작의 빈도에 대해 부가적인 정보를 전달하고 있어. always가 들어갔으니 항상 일곱 시에 일어난다는 의미이겠지? 이 때 빈도부사는 일반동사 앞에 쓰여.

빈도부사가 be동사나 조동사와 함께 쓰일 때 빈도부사의 자리는 조동사나 be동사 바로 뒤란다. 빈도부사는 꼭 정해진 자리에 써 줘야 해. 아래 예문에 쓰인 빈도부사의 위치를 다시 한 번 확인해 보자.

> Hana is never late.　　하나는 절대 늦지 않는다.
> You can always trust me.　　너는 언제나 날 믿어도 돼.

조동사 can! 곧 배울 거야 ☺

빈도를 물어볼 때는 'How often~?'으로 시작하는 문장을 활용할 수 있어. 얼마나 자주 어떤 동작이나 행위를 하냐고 묻는 문장이지.

How often **do you work out?**   얼마나 자주 운동을 하나요?

I **always** work out.   나는 늘 운동을 해.
I **usually** work out.   나는 보통 운동을 해.
I **often** work out.   나는 자주 운동을 해.
I **sometimes** work out.   나는 가끔 운동을 해.
I **never** work out.   나는 결코 운동하지 않아.

풀어 볼 거지?

01. 상황에 맞는 형용사를 넣어 문장을 완성해 보자.

① The bag is _____.

② She looks _____.

③ The weather is _____.

보기
tired	cold
heavy	dark

02. 문장의 빈 칸에 들어갈 수 있는 단어는 무엇일까?

> Selena solved the quiz _____.

① easy   ② difficult   ③ quickly

03. 빈도부사를 찾아 동그라미를 그리고 뜻을 써 보자.

never	slowly	always	fast
computer	sometimes	often	live

알아두면 좋은 비교급과 최상급

더 높은, 더 무거운, 더 많은 …

우리말도 이런 표현들로 대상의 성질, 상태, 양의 정도를 비교하지?
영어에서도 형용사와 부사의 형태를 변화시켜 비교하는 문장을 만들
수 있어. 형용사나 부사의 비교급을 만들어 줄 때는 단어의 끝에 er을 붙
여 주기만 하면 되는데, 만약 단어가 「자음 + y」로 끝난다면 y를 i로 고
쳐주고 -er을 붙여 줘야 하지.

cold ➤	colder	early ➤	earlier
((날씨가)추운)	((날씨가)더 추운)	(일찍)	(더 일찍)

그래서 비교급 이용한 비교 표현은 아래 문장들과 같이
형용사 또는 부사의 「비교급 + than + 비교대상」의 형태로
'~보다 더 ~한, ~보다 더 ~하게'의 뜻으로 쓰인단다.

Tomorrow will be colder than today.
내일은 오늘보다 더 추울 것이다.

He got up earlier than his father.
그는 그의 아버지 보다 일찍 일어났다.

음절이 긴 형용사의 경우에는
형용사 앞에 more(더 ~한)을 붙여서 비교급을 만들 수 있어.

difficult ➤	more difficult	important ➤	more important
(어려운)	(더 어려운)	(중요한)	(더 중요한)

The test was more difficult than I thought.
그 시험은 나의 생각보다 더 어려웠다.

Health is much more important than money.
비교급을 강조할 때 부사를 함께 써줄 수 있어
건강이 돈보다 훨씬 더 중요하다.

꼭 이렇게 대상의 정도가 차이나는 경우에만 비교를 할 수 있을까?
'보배는 나보다 작다' 또는 '나는 보배보다 더 크다' 와 같은 비교 표현
이외에 비교하는 대상의 성질이 같은 경우에도 비교를 할 수 있어.

대상의 정도가 비슷하거나 같을 때는 '다은이는 나만큼 크다'와 같이
원급을 이용해서 비교 표현을 만들 수 있지.
원급비교는 형용사와 부사의 원래 모양을 그대로 사용해서
「as + 원급 + as」의 형태로 쓴단다.

Daeun is as tall as I.   다은이는 나만큼 크다.
　　　　　　형용사
Mark runs as quickly as John.   마크는 존만큼 빠르게 달린다.
　　　　　　　부사

최상급은 세 가지 이상의 비교 대상들 중에서 가장 정도가 높은 것을
나타낼 때 쓰여. 형용사나 부사 뒤에 est를 붙이거나
음절이 긴 경우 단어의 앞에 most를 붙여서 만들어 줄 수 있어.
문장에서는 정관사 the와 함께 쓰이지.

big	➡	biggest	famous	➡	most famous
(큰)		(가장 큰)	(유명한)		(가장 유명한)

Seoul is the biggest city in Korea.
서울은 한국에서 가장 큰 도시이다.

It is the most famous aquarium in the world.
그것은 세상에서 가장 유명한 수족관이다.

어떤 사건이나 사실이 일어난 시간대를 시제라고 해.

영어에도 과거, 현재, 그리고 미래를 나타내는 표현이 있지.

우선, 현실을 중심으로 이야기하는 현재시제부터 함께

공부해 보자.

여섯,
현재시제

지금 이 순간 현재

어떤 사실이나 사건이 일어난 시간대를 시제라고 해.
어제, 오늘, 내일을 떠올려 봐.
우리는 보통 시간을 이렇게 과거, 현재,
미래로 나누지?

시제는 기본적으로 과거시제, 현재시제, 미래시제가 있어.
문법에 맞게 시제를 올바르게 쓰면 어떤 일이 이미 지나간 과거인지
현재 일어나고 있는 일인지 혹은 앞으로 일어날 미래의 일인지 알 수
있어. 뿐만 아니라 진행시제, 완료시제를 사용해서 일이 일어난 때를
좀 더 분명히 나타낼 수도 있지.
문장 속에서 이 과거, 현재, 그리고 미래를 표현하려면 동사의 모양을
변화시키면 된단다.　　그럼 어떤 사건이 일어난 때를 알 수 있게 되는 거야! (◡‿◡)

평소에 일어나는 일 현재시제

현재시제는 말 그대로 현재의 사건을 나타내는 데 사용해.
그렇다면 지금으로부터 30초 전은 과거일까? 30초 후는 미래이고?
현재시제를 막연히 지금 벌어지는 일이라고만 생각한다면 시작부터
큰 함정에 빠지기 쉬워. 영어 문법에서 현재시제는 과거, 현재 그리고
미래를 모두 포함하는 개념이기도 하기 때문이야.

현재시제가 쓰이는 상황은 크게 세 가지로 분류할 수 있어.
첫 번째로 단순 현재시제는 현재의 사실이나 사건을 나타내.

현재시제의 가장 일반적인 쓰임이야. 또 습관적이고 반복되는 동작을 나타낼 때도 현재시제를 사용하지. 마지막으로 변하지 않는 사실들을 이야기할 때도 항상 현재시제가 쓰여. 속담이나 격언, 과학적인 사실들은 시간에 구애받지 않고 지속적으로 연결되어 있기 때문이야.

아래의 분류대로 기억해 두면 앞으로 쉽게 떠올릴 수 있어.

Jisoo looks happy. 현재의 사실이나 상태
지수는 행복해 보여.

I brush my teeth every morning. 반복적인 일이나 습관
나는 매일 아침 이를 닦는다.

The earth moves around the sun. 변하지 않는 진리
지구는 태양 주위를 돈다.

일반동사의 현재형은 가장 기본적인 문법 형태야.
그래서 대부분의 문장에서는 동사의 기본형이 바로 현재형이란다.
하지만 아래 예문과 같이 주어가 3인칭 단수일 때는 동사의 끝에 -s나 -es를 붙여 주기도 했어.

She likes summer. 그녀는 여름을 좋아한다.

보통 우리가 무엇을 좋아한다면 그 감정을 꽤 오랫동안 가지곤 하지? 어느 날 갑자기 싫어지지 않는다면 말이야. 현재시제는 이렇게 지속적인 감정을 알려줄 수 있어.

be동사의 현재형은 **긴 시간 유지되는 상태**를 나타내.
be동사는 주어에 따라 am/are/is로 모양이 달라진다는 것 잊지 않았지?

> **Minsun** is **my friend.**   민선이는 나의 친구이다.

과거에도 그래왔고 앞으로도 그러할 일은 현재형을 사용한단다.
민선이가 내 친구인 것도 지속적인 상태인 셈이지.

형용사와 함께 쓰인다면 현재의 상태를 묻거나 말할 수 있지.
현재시제는 현재를 중심으로 하는 지속적인 상황을 포함하기 때문이야.

> Is he <u>busy</u>?   그는 바쁘니?
>   형용사
> He is <u>busy</u>.   그는 바쁘다.
>   형용사

지금 이 순간 현재진행 시제 ———

현재진행형은 **지금 진행되고 있는 동작**을 나타내.
'지금 이 순간' 그리고 '요즘' 벌어지는 일을 나타낼 때 쓸 수 있어.
현재진행형은 「be동사 + 동사 + ing」의 형태로 '~하고 있다'라는 뜻
을 가진단다. be동사는 주어의 수와 인칭에 따라 알맞게 써 주도록
하자.

> I am doing **my homework.**   나는 나의 숙제를 하고 있다.
> She is drinking **coffee now.**   그녀는 지금 커피를 마시고 있다.
> They are laughing **happily.**   그들은 행복하게 웃고 있다.

☺ 잠깐, 하나 더

동사의 ing형을 만드는 방법도 알아볼까?

대부분의 동사는 원형에 -ing를 붙여 줘

go ➔ going   eat ➔ eating   buy ➔ buying

-e로 끝나는 동사들은 e를 빼버리고 -ing를 붙여 주지.

come ➔ coming   write ➔ writing

「단모음 + 단자음」으로 끝나는 동사는 마지막 자음을 한 번 더 쓰고
-ing를 붙여 주면 된단다.

swim ➔ swimming   run ➔ running   shop ➔ shopping

현재진행형의 부정문은 「주어 + be동사(am/are/is) + not + 동사 + ing」
의 형태로 나타내.

He is not reading a book now. 그는 지금 책을 읽고 있지 않다.
   isn't로 축약 가능해

현재진행형의 의문문은 「be동사(am/are/is) + 주어 + 동사 + ing」의
형태로 be동사를 주어 앞으로 보내 줘.
의문문에서 Yes, No로 대답 할 때는 「주어 + be동사」의 어순을 지켜 주지.

Is he reading a book now?   그가 지금 책을 읽고 있니?
 ➔ Yes, he is.   응, 그는 책을 읽고 있어.
 ➔ No, he isn't.   아니, 그는 책을 읽고 있지 않아.

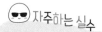 자주하는 실수

현재형 VS 현재진행형

현재시제는 평상시 일어나는 일이나 언제든지 반복되는 일을 나타내.
반면에 진행형은 말하고 있는 시점에 진행되고 있는 일을 나타내지.

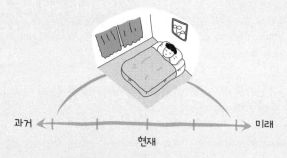

My younger brother sleeps in his room.
내 남동생은 그의 방에서 잔다. (평소에)

지속적인 일이니까 현재형을 써 줘야 해.

But he is sleeping on the sofa now.
하지만 그는 지금 소파에서 자고 있다.

지금 진행중인 동작을 나타내니까 현재진행형을 쓰는 거야.
차이점을 알겠지?

풀어 볼 거지?

01. 문장을 읽고 무엇을 의미하는지 써 보자.

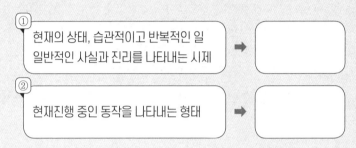

① 현재의 상태, 습관적이고 반복적인 일 일반적인 사실과 진리를 나타내는 시제 ➡

② 현재진행 중인 동작을 나타내는 형태 ➡

02. 괄호 안에서 맞는 것을 찾아 동그라미를 그려 보자.

① (Are/Do) they eating pizza?

② Minsun is (make/making) dumpling.

③ Tim (is taking/takes) shower every morning.

03. 질문에 대한 대답을 써 넣어 문장을 완성해 보자.

Is the cat sleeping in the basket?

➡ _____, _____ _____. It is playing on the sofa.

01. ① 현재시제 ② 현재진행형   02. ① Are ② making ③ takes
03. No, it isn't

주말 동안 있었던 일을 친구에게 말해 주려면 어떻게 해야 할까?

이미 지나간 일을 이야기하는

과거시제를 어떻게 사용하는지 배워 볼 거야.

일곱,
과거시제

이미 지나간 일 과거

친구에게 주말 동안 있었던 일을 말해 주고 싶을 때는 어떻게 해야 할까?
지나간 일은 과거시제를 사용해서 이야기해야겠지.
우리말로 과거형에 '~했다, ~였다'라는 어미를 붙이는 것처럼 영어에서도 과거시제를 만들 때 따르는 일정한 규칙이 있단다.

be동사의 과거형

be동사의 과거형부터 알아볼까?
be동사의 과거형은 두 가지가 있어. am과 is의 과거형은 was이고 are의 과거형은 were를 쓰지.
아래 예문처럼 주어에 따라 알맞은 be동사의 과거형을 써 주자.

> I was 11 years old last year.
> 나는 지난 해에 열 한 살이었다.
> We were 11 years old last year.
> 우리는 지난 해에 열 한 살이었다.

be동사 과거시제의 부정문은 동사 뒤에 not을 붙여 주면 된단다.
be동사 현재형의 부정문을 만드는 규칙을 그대로 따르면 돼.

> I was hungry.   ➜ I was not hungry.
> 나는 배가 고팠다.   ➜ 나는 배가 고프지 않았다.

be동사 과거시제의 의문문은 <u>주어, 동사의 자리를 바꾸어</u> 주면 되겠지?

> He was busy. ➡ Was he busy?
> 그는 바빴다. ➡ 그는 바빴니?

아주 간단해

대답하는 방법도 어렵지 않아.

> 긍정 Yes, he was.　　「Yes, 주어 + was/were」
> 부정 No, he was not.　「No, 주어 + was not/were not」
> 　　　wasn't로 축약 가능해　　　　　　weren't로 축약 가능해

일반동사의 과거형

일반동사의 과거형은 주어의 인칭이나 주어가 단수 또는 복수인지에 상관 없이 <u>동사원형에 -d, -ed</u>를 붙여서 과거형을 만들 수 있어.

> I watch TV. 　　나는 TV를 본다. 　현재
> I watched TV. 　나는 TV를 보았다. 과거

「자음 + y」로 끝나는 동사는 y를 i로 바꾸고 -ed를 붙여 주고

> fly – flied　　　　　　 cry – cried
> (날다, 비행하다)　　　　　(울다)

「모음 + y」인 동사는 -ed를 붙여주면 돼.

> stay – stayed　　　　　enjoy – enjoyed
> (머무르다)　　　　　　　(즐기다)

「단모음 + 단자음」으로 끝나는 동사는 마지막 자음을 한 번 더 써 주고 -ed를 붙여 줘야 해.

stop – stopped (멈추다)	plan – planned (계획하다)

그런데 어떤 동사들은 이런 규칙과 관계없이 제멋대로 변화한단다. 불규칙적으로 변화하는 동사들을 정리해 봤어.

현재형과 과거형이 같은 동사

cost - cost (비용이 들다)	hit - hit (치다, 때리다)	read - read (읽다)
cut - cut (자르다, 베다)	let - let (시키다)	set - set (놓다, 세우다)

현재형과 과거형이 다른 불규칙 동사

begin - began (시작하다)	give - gave (주다)	say - said (말하다)
break - broke (깨다)	go - went (가다)	see - saw (보다)
buy - bought (사다, 사주다)	know - knew (알다)	sleep - slept ((잠을)자다)
come - came (오다)	leave - left (떠나다)	speak - spoke (말하다)
drive - drove (운전하다)	lose - lost (지다, 잃어버리다)	understand - understood (이해하다)
eat - ate (먹다)	make - made (만들다)	write - wrote ((글을)쓰다)

동사 read는 현재형과 과거형의 형태는 같지만, 현재시제로 활용될 때는 '리드[riːd]', 과거시제로 활용될 때는 '레드[réd]'로 발음해.

아래의 첫 번째 예문에서 '나'는 '아침'이라는 이미 지나가 버린 시간에 잡지를 읽었으니까 동사는 과거형 '레드[réd]'로 발음해 줘야 하겠지?

두 번째 예문에서 마크는 어제(yesterday) 돌아왔으니까 동사(come)의 형태는 지나간 일을 나타내는 과거형(came)을 써 줘야 해.

불규칙 동사 변화는 무수히 많아. 그러니 새로운 동사 변화를 볼 때마다 익숙해질 수 있도록 외워 두자.

> **I read the magazine this morning.**
> 나는 오늘 아침에 잡지를 읽었다.
>
> **Mark came back yesterday.**
> 마크가 어제 돌아왔다.

이번에는 일반동사 과거형의 부정문을 만들어 볼까?

'~하지 않았다'라고 말하고 싶다면 부정문을 써야겠지.

일반동사는 혼자 힘으로는 부정문을 만들 수 없어서 do나 does의 도움이 필요했던 것 기억하니?

과거형의 부정문은 주어의 인칭과 수에 관계없이 did not을 쓰면 돼.

do와 does의 과거형이 바로 did인 셈이지.

「주어 + did not + 동사원형」의 순서를 지켜서 아래와 같이 부정문을 만들어 줄 수 있어.

> **I didn't close the door.**   나는 문을 닫지 않았다.
> did not은 didn't로 축약 가능해
>
> **She didn't have breakfast.**   그녀는 아침을 먹지 않았다.

과거 부정문에서 오는 동사는 꼭 원형으로 써 주어야 해.
일반동사의 과거형은 현재형과 달리 주어에 따라 형태가 변하지 않는
규칙이 부정문에서도 그대로 적용 되는 거야.
동사를 과거형으로 바꾸는 실수를 하지 않도록 주의하자.

I didn't closed the door. (✕)
부정문에서 동사는 원형이야

She didn't had breakfast. (✕)

과거의 일에 대해 물어보는 과거형 의문문은 'Did~?'로 시작해.
「Did + 주어 + 동사원형~?」의 순서로 의문문을 만들고 '~했니?'라고
해석한단다.

He broke the vase.   과거형
그가 꽃병을 깨트렸다.

Did he break the vase?   과거형 의문문
그가 꽃병을 깨트렸니?

긍정 Yes, he did.   「Yes, 주어 + did」
      응, 그가 깨트렸어.

부정 No, he didn't.   「No, 주어 + didn't」
      아니, 그가 깨트리지 않았어.

😊잠깐, 하나 더

I was in Singapore last year.   나는 작년에 싱가포르에 있었다.

과거시제는 특정한 과거시제를 나타내는 표현들
(yesterday, last year, two days ago…)과 자주 쓰여.

풀어 볼 거지?

01. 주어진 단어와 be동사의 과거형을 사용해서 문장을 완성해 보자.

Minjoo _____.

(at home, last night)

02. 동사의 현재형과 과거형을 빈 칸에 써 보자.

현재형	뜻	과거형
①	만들다	②
eat	먹다	③
④	읽다	⑤
write	쓰다	⑥

03. 문장의 빈 칸에 들어갈 수 있는 동사를 골라 보자.

> Did Jiho _____ to the gym last Monday?

① go   ② went   ③ goes

04. 문장을 부정문으로 바꾸어 써 보자.

She did her homework after dinner.

➡

01. was at home last night.   02. ① make ② made ③ ate ④ read ⑤ read ⑥ wrote   03. ①   04. She didn't do her homework after dinner.

내일, 다음 주, 다음 달...

앞으로 일어날 일들에 대해 이야기하는 법을 배워 보자.

그러면 '앞으로 공부 열심히 할 거야!'라는 말도 할 수 있게 되지.

여덟,
미래시제

이후에 벌어질 일 미래

앞으로 일어날 일에 대해 말하고 싶을 때는 미래시제를 쓸 수 있어.
미래에 일어날 일은 현재나 과거의 일보다 확실하진 않아.
'그녀는 가수이다, 그녀는 가수였다'와 같은 현재시제나 과거시제
문장은 거짓말이 아닌 이상 확정된 사실이야.
하지만 '그녀는 가수가 될 것이다'라는 미래에 대한 예측은 그렇게
될 수도 있고 아닐 수도 있는 불확실성을 가지고 있어.
그래서 미래시제는 동사 변화 없이 조동사 will을 사용해서 나타낸단다.

주어에 상관없이 동사원형 앞에 will을 써 주면 '~할 것이다'를 뜻하는
미래시제가 되는 것이지. 아래 예문들 처럼 말이야.

He will **study** math tomorrow.   그는 내일 수학공부를 할 것이다.
    동사는 원형

I will **be a senior** next year.   나는 내년에 졸업반이 된다.
  am/are/is의   next(다음), this(이번)가 들어간 말은
  원형은 be   가까운 미래를 나타낼 수 있어

will을 활용하면 앞으로 벌어질 일을 예측할 수도 있고
미래 일에 대한 주어의 의지를 표현할 수도 있어.

It will **rain tomorrow.**   예측
내일 비가 올 것이다.

He will **study** math tomorrow.   주어의 의지
그는 내일 수학 공부를 할 것이다.

대명사 주어와 will은 줄여 쓸 수 있어.

> I will ➤ I'll   He will ➤ He'll   She will ➤ She'll

다른 대명사들도 줄여 쓸 수 있단다.

> You will ➤ You'll   We will ➤ We'll   They will ➤ They'll

미래시제의 부정문과 의문문

이번엔 미래시제의 부정문을 만들어보자.

'~하지 않을 것이다'라고 부정의 뜻을 더하고 싶다면

will 다음에 not만 붙여 주면 된단다.   간단하지? 😊

> **I will not** fight again.   나는 다시 싸우지 않을 것이다.
> will not의 축약형은 won't야

의문문을 사용해서 상대방의 의지를 물어볼 수도 있어.

상대방에게 '~할거야?' 라고 물어보고 싶다면 의문문을 써야겠지?

미래시제의 의문문은 「Will + 주어 + 동사원형」의 형태로 쓴단다.

> Will you come tomorrow?   너 내일 올거니?

이때의 대답은 긍정이면 Yes, I will.(응, 나 갈게.)

부정이면 No, I won't.(아니, 나 못 가.)라고 할 수 있겠지.

be going to

will 대신에 비슷한 의미를 가진 be going to를 활용할 수도 있어.

be going to는 미리 계획되거나 예정된 미래를 이야기할 때 주로
쓰여. 따라서 '~할 예정이다, ~할 계획이다'라는 뜻을 가지고 있어.

be going to에서 be동사는 주어의 인칭과 수에 따라 변해.
그리고 to 다음에는 하려고 마음먹은 동작, 즉 동사가 쓰인단다.

> I'm going to help my mother this weekend.
> 나는 이번 주말에 엄마를 도울 계획이다.

be going to의 부정문과 의문문을 만드는 방법은 아주 간단해.
be동사가 들어갔으니까 부정문은 be동사 뒤에 not을 붙여 주면 돼.

> He is not going to buy a new bag.
> 그는 새 가방을 살 계획이 없다.

의문문은 be동사를 주어 앞으로 보내 줘.
질문에 대한 대답은 be동사를 활용해서
「Yes, 주어 + 동사」, 「No, 주어 + 동사 + not」의 순서로 대답해야 해.

> Is he going to buy new bag?   그는 새 가방을 살 계획이니?

> Yes, he is.   응, 그는 살 거야.
> No, he isn't.   아니, 그는 안 살 거야.

풀어 볼 거지?

01. 빈칸에 알맞은 단어나 뜻을 써 보자.

> 조동사 _____은 미래의 일을 예측하거나 주어의 의지를 나타내며
> _____ 라고 해석한다.
> 이미 정해져 있는 미래의 일을 나타낼 때는 _____와
> 바꾸어 쓸 수 있다.

02. 우리말 해석과 같아지도록 괄호 안의 단어들을 바르게 배열해 보자.

① 창문 좀 닫아 줄래? (you, close, will, the window)

➡

② 너는 오늘 밤 외식 할 거니? (eat out, you, are, going to, tonight)

➡

03. 질문에 Yes나 No로 시작되는 대답을 완성해 보자.

> Will you be my friend?

➡ Yes, _____.
➡ No, _____.

01. will, ~할 것이다, be going to   02. ① Will you close the window?
② Are you going to eat out tonight?   03. I will, I won't(=I will not)

조동사라는 이름은 동사를 도와준다는 의미란다.

동사를 어떻게 도와 주는지 알면

한정된 동사의 뜻만으로는 나타낼 수 없는

능력, 허가, 의무, 추측 등의 의미를 더해 줄 수 있어.

아홉,
동사를
도와 주는
조동사

동사를 도와 주는 조동사

조동사는 동사를 도와 문장에 특별한 의미를 더해 준단다.
동사가 영화의 주연이라면 조동사는 주연의 연기를 탄탄하게 받쳐 주는
조연이라고 할 수 있지. 그렇다면 조동사는 어떻게 동사를 도와줄까?

> **She drives a car.**　그녀는 자동차를 운전한다.

우리가 만든 문장은 '운전한다'라는 단순한 동작만을 표현하고 있어.
만약 '운전 할 수 있다.' 라는 문장을 만들고 싶다면 어떻게 해야 할까?
이때 필요한 것이 '~할 수 있다'라는 뜻을 가진 조동사 can이야.

> **She can drive a car.**　그녀는 운전할 수 있다.

이렇게 동사 앞에 조동사를 넣어 주면
동사만으로 나타내기 어려운 '능력'의 의미를 나타내 줄 수 있어.

run	달리다.		can run 달릴 수 있다.
fly	날다.	+	can fly 날 수 있다.
cook	요리하다.		can cook 요리할 수 있다.

can 할 수 있다

어때, 조동사가 동사를 어떻게 도와줄 수 있는지 알겠지?

can 이외에도 '~해야 한다'라는 의미의 must, '~해야 한다, ~하는 것이 좋겠다'라는 뜻의 should와 같은 조동사들도 있어. 이런 조동사들은 동사만으로는 나타낼 수 없는 의무, 추측 등의 의미를 더해 줄 수 있지.

그런데 의미가 다른 각각의 조동사들이 공통적으로 갖는 규칙이 몇 가지 있어. 대표 조동사들의 본격적인 쓰임새를 공부해 보기 전에 공통적인 특징을 먼저 알아보도록 하자.

조동사의 특징

조동사는 주어의 인칭과 수에 따라 형태가 바뀌지 않아.

She can drive.(O) She cans drive.(✗)

그리고 조동사 뒤에는 항상 동사원형을 써.
주어가 3인칭 단수 she라서, 동사 drive에 붙여 줬던 -s가 사라졌어.
조동사 뒤에는 항상 동사원형을 써야 하기 때문이란다.
be동사가 쓰이는 문장은 am/are/is 대신 원형인 be를 써 줘야겠지?

She can drive.(O) She can drives.(✗)

또, 한 문장 안에 두 개의 조동사를 쓸 순 없어.
미래시제를 만들 때 쓰이는 will도 조동사의 한 종류인데 '그녀는 너를 도와줄 수 있을 것이다.' 라는 문장을 만들어 보자.

'~할 것이다'라는 뜻의 조동사 will과 '~할 수 있다'라는 뜻의 조동사 can이 동사 help를 도와 의미를 보충해 줄 수 있어.

하지만 will과 can은 함께 쓰일 수 없지. 조동사는 자존심이 아주 세서 두 개의 조동사가 같이 쓰일 수 없거든. 두 가지 조동사의 의미를 표현하려면 둘 중 하나는 조동사를 대신하는 말로 바꾸어 써 주어야 해. can은 be able to로 바꾸어 쓸 수 있단다.

> She will be able to help you. (○)
> 그녀는 너를 도와줄 수 있을 것이다.
> She will can help you. (✕)

부정문은 「주어 + 조동사 + not + 동사원형」의 형태로 조동사 다음에 not을 붙여 주면 간단하게 만들 수 있어.

> She can not swim.　　그녀는 수영을 할 수 없다.

의문문은 「조동사 + 주어 + 동사원형~?」의 형태로 쓰인단다.

> Can she swim?　　그녀는 수영할 수 있니?

> ⬇

> Yes, she can.　　응, 그녀는 할 수 있어.
> No, she can't.　　아니, 그녀는 할 수 없어.

자, 이제 조동사에는 어떤 것들이 있고 어떤 쓰임이 있는지 본격적으로 알아보자.

can, may, will

can은 '~할 수 있다'라는 뜻으로
능력이나 가능성을 나타낼 때 쓰여.

can이 능력을 나타낼 때는
be able to로 바꾸어 쓸 수도 있어.
이때 be동사는 주어의 수와 인칭,
문장의 시제에 따라 형태를 변화시켜 주도록 하자.

> I can help you.　　　　　나는 너를 도울 수 있다.
> = I am able to help you.

can은 문장에서 '~해도 좋다(된다)'는 뜻으로 허가를 나타낼 때도 쓰여.

> You can sit here.　　　　당신은 여기 앉아도 좋습니다.
> Can I have this pen?　　내가 이 펜 가져도 되니?

부정문은 조동사 can 다음에 not을 붙여 주자.
평서문에서 can이 능력·허가의 두 가지 의미를 가졌던 것처럼
can의 부정형 역시 '~할 수 없다, ~해서는 안된다'의 두 가지 뜻을 갖는
단다.

> I can not help you.　　　　나는 너를 도와줄 수 없다.
> 　　can't로 축약가능해
> You can't drink water here.　여기서 물을 마시면 안된다.

의문문을 만들고 싶을 때는 주어와 조동사의 자리를 바꾸어 주면 간단해.

'Can I~?'로 물어 볼 때는 아래 예문처럼 허락을 구하는 의미란다.

Can I help you?	내가 너를 도와 줘도 될까?

'Can you~?'는 도움을 요청할 때 쓸 수 있어.

Can you help me?	너 나를 도와줄 수 있니?

↓

Yes, I can.	응, 내가 도와줄께.
No, I can't.	아니, 내가 도와줄 수 없어.

두 질문에 대한 긍정의 대답은 「Yes, 주어 + can」.

부정의 대답은 「No, 주어 + can't.」로 질문에 맞게 주어를 바꾸어 주자.

'할 수 있었다.'고 과거의 일을 말 하고 싶을 때는 be able to의 be동사를 과거형으로 바꾸어 줄 수 있어.

I was able to finish it.	나는 그것을 끝낼 수 있었다.

can의 과거형으로 could를 쓸 수도 있지.

I could finish it.	나는 그것을 끝낼 수 있었다.

하지만 could가 과거형으로만 쓰이는 것은 아니란다.

can을 쓸 수 있는 문장에 could를 쓰면 훨씬 정중하고 공손한 질문이 돼.

Could you help me?는 Can you help me?보다 예의바른 요청이야.

영어에도 존댓말이 있단다. ☺

may는 크게 **추측, 허락의 의미**로 쓰여. 허락의 의미일 때 may는
can과 같은 '~해도 좋다'라는 뜻이야.

You may go home.　　　집에 가도 좋다.

may를 이용한 부정문과 의문문을 만들어 주고 싶다면
can의 부정문과 의문문을 만드는 규칙을 그대로 따라가면 돼.
'~해도 좋다'의 부정문은 '해서는 안 된다'는 **금지의 표현**이겠지?

You may not go home.　　너는 집에 가면 안 된다.

조동사 **may**를 사용한 의문문은 '~해도 되나요?'라고 물을 때 처럼 정중하
게 **허락을 구하는 표현**이야.

May I sit here?　　　제가 여기 앉아도 되나요?

may는 '~일지도 모른다'는 **추측의 표현** 으로 쓰이기도 해.

There is a fire truck on the street.
소방차가 길 위에 있다.
There may be a fire nearby.
근처에 불이 났을지도 모른다.

소방차가 지나가면 어디 불이 났나보다~ 하고 추측하게 되지? (◡‿◡)

may be VS maybe

두 단어는 가운데 띄어쓰기를 한 번 해준 것만 빼곤 형태도 같고 발음
도 같아서 혼동하기 쉬워.

may be는 조동사 뒤에 be동사의 동사원형이 온 형태이고

She may be late.   그녀는 늦을지도 몰라.

maybe는 부사로 '아마, 어쩌면'이라는 뜻이란다.

Maybe, she will be late.   아마 그녀는 늦을 것이다.

동사의 미래시제를 만드는 데 필요한 will도 조동사의 한 종류란다.
will이 가진 의미와 쓰임이 잘 기억나지 않는다면 미래시제에 대해 설
명한 앞 부분을 다시 읽어보도록 하자.

Will you~?로 시작하는 의문문은 '~해 줄래요?'라는 뜻으로 상대방에
게 제안이나 요청을 할 때 주로 사용된다고 앞에서 설명했어.

will대신 would를 사용한 Would you~?는 Will you~?로 물어볼 때
보다 훨씬 정중한 요청을 나타내는 표현이란다.

Would you send this book for me?
저를 위해 이 책을 보내주시겠습니까?

이러한 요청을 수락할지 거절할지에 따라 Yes, No로 대답할 수 있겠지?

Yes, I would.
No, I wouldn't.
네, 보내드릴게요.
아니요, 그럴 수 없어요.

하지만 'Will you~?, Would you~?'로 물어보는 질문은 'Yes, No'를 사용하는 직접적인 대답보다는 간접적인 표현을 사용해서 대답하는 편이 훨씬 자연스럽단다.
긍정적인 대답인 경우에는 아래와 같은 표현들을 'Yes, I would' 대신 써 줄 수 있어.

Sure, of course.
Okay, I would.
No problem.
그럼, 당연하지요.
좋아요, 그렇게 할게요.
문제 없어요.

부정적인 대답인 경우에는 요청을 거절할 수밖에 없는 이유를 함께 말해주면 더 자연스러운 대답이 될 수 있지.

Sorry, I am too busy.
I'm afraid not.
미안해요, 난 너무 바빠요.(거절하는 이유)
유감이지만 그럴 수 없어요.

must, should

조동사 must는 의무나 강한 추측을 나타내는 경우에 쓰여.

must는 '~해야 한다'는 뜻으로 주어의 의무를 나타낼 수 있고
반드시 해야 하는 일에 대해 이야기 할 때도 쓰인단다.

> I must study hard.　　나는 열심히 공부해야만 한다.
> I must take this train.　나는 이 열차를 타야만 해.

꼭 해야 하는 일이 있다면 절대 해서는 안 되는 일도 있겠지?
must의 부정문 must not은 '~해서는 안 된다'는 강한 금지의 표현이란
다. must not은 mustn't로 줄여 쓸 수도 있단다.

> You <u>must not</u> be late.　　너는 늦어서는 안 된다.
> 　　　= mustn't

must 대신 쓸 수 있는 의무를 나타내는 have to도 함께 기억해 두자.
다른 조동사들처럼 must도 주어에 영향을 받아 형태를 바꾸지는 않
지만 have to는 주어의 인칭과 시제에 따라 형태가 변해.
3인칭 단수인 주어 she와 함께 쓰일 때는 has to를 써야 한단다.

> You have to exercise.
> 너는 운동을 해야 한다.
> She has to finish her homework.
> 그녀는 그녀의 숙제를 끝내야만 한다.

의무를 나타내는 must의 과거형은 had to를 사용할 수 있고 '~해야만
했다'라는 뜻으로 쓰여. 인칭에 관계없이 had to를 사용하면 돼.

어렵지 않지? (..)

> I had to clean my room.
> 나는 내 방을 치워야만 했다.
>
> She had to get up early yesterday.
> 그녀는 어제 일찍 일어났어야만 했다.

must 대신 쓸 수 있는 have to의 부정형은 don't have to로 '~할 필
요가 없다'는 불필요함을 나타내. must not의 쓰임과 혼동할 수 있으니
주의하자.

> You don't have to say sorry.
> 너는 미안하다고 말할 필요 없어.
>
> It's Saturday today. Jisoo doesn't have to go to work.
> 오늘 토요일이야. 지수는 일하러 갈 필요가 없어.

'~해야 하나요?'라는 질문을 할 때도 must대신에 have to를 쓸 수 있어.

> Must I wear a mask?
> = Do I have to wear a mask?
> 제가 마스크를 착용해야만 하나요?

질문에 대한 긍정적인 대답과 부정적인 대답은 아래와 같단다.

> Yes, you must.
> =Yes, you have to.   네, 착용해야만 합니다.
>
> No, you don't have to.   아니요, 착용할 필요 없습니다.
> must not은 금지의 의미니까 No, you must not.으로 대답할 수 없어

must는 또 한 가지 '~임에 틀림없다'는 **강한 추측**의 의미를 가진단다.
추측의 의미를 가진 must가 들어간 문장을 함께 살펴보자.

> **He doesn't look good. He must be sick.**
> 그는 안 좋아 보인다. 그는 아픈 것이 틀림없다.

must는 앞에서 배운 may보다 훨씬 더 강한 확신을 가진 추측이지.
그래서 must를 사용한 문장은 may를 사용했을 때 보다 높은 가능성
을 두고 있어.

> **He must be sick.**   그는 아픈게 틀림없어.
> **He may be sick.**   그는 아플지도 몰라.

should 역시 '~해야 한다'는 **의무**를 나타내는 조동사야.
앞에서 살펴 본 must에 비해 **당연하고 도덕적인 의무**를 포함하기
때문에 '~하는 것이 좋을 것이다'와 같은 **조언**의 느낌이 강한 표현이야.

> **You should listen to your parents.**
> 너는 부모님의 말을 들어야 해.(그러는 게 좋아.)

부모님의 말씀을 듣는 것이 좋을 거야 라는 뉘앙스의 표현이야. (◡◡)

부정문은 '~하면 안 된다'의 뜻으로 should not을 쓰면 돼.
마찬가지로 must not을 사용할 때 보다 **약한 금지의 의미**를 가진단다.

> **You should not drink coffee.**
> 너는 커피를 마시면 안된다(마시지 않는 것이 좋다).

풀어 볼 거지?

01. 빈칸에 can과 can't 중 알맞은 것을 써 보자.

    ① I _____ watch TV. It's broken.

    ② It's really noisy. I _____ sleep.

    ③ I'm thirsty. _____ you pass me the water?

02. 알맞은 조동사를 넣어 문장을 완성해 보자.

    ① 그는 학교에 늦을지도 몰라.

    He _____ be late for school.

    ② 너는 시끄럽게 해서는 안된다.

    You _____ _____ make any noise.

    ③ 너는 일찍 올 필요 없다.

    You _____ _____ _____ come early.

03. 당연한 의무를 나타내는 조동사는 무엇일까?

01. ① can't ② can't ③ Can   02. ① may ② must not
③ don't have to   03. should

전치사는 명사와 명사 역할을 하는 말 앞에 쓰여
시간, 장소, 방법 등을 나타내.
하나의 전치사가 여러 가지 의미로 쓰이기도 하니까
각각의 의미와 쓰임을 잘 알아두도록 하자.

열,
명사의 길잡이
전치사

명사의 길잡이 전치사

전치사는 앞에 위치하는 말이라는 의미야.
명사나 대명사가 시간, 장소, 방법 등을 나타낼 때, 명사 바로 앞에서
뒤에 오는 명사가 어떤 의미로 쓰일지 알려준단다.

아직 전치사에 대한 감이 잘 안 잡히지?
전치사는 오직 명사 앞에서 쓰인다는 것만 잘 기억해 두면
앞으로 배울 내용이 절대 어렵지 않을 거야.
그럼 전치사의 쓰임을 크게 장소와 시간의 전치사로 나눠서 하나씩 배
워 보도록 하자.

참, 전치사는 하나의 전치사가 여러 가지 의미로 쓰이기도 하니까
똑같이 생긴 전치사가 또 나왔다고 당황하지 마. (◡‿◡)

장소 전치사

at은 구체적인 장소 앞에서 쓰여.
지도를 펼쳐 놓고 만나기로 한 장소를 콕 찍는다고 생각하면 간단해.
아래의 예문처럼 말이야. 정류장은 특정한 장소니까 at과 함께 쓰였어.

I met a friend at the bus stop.
나는 버스 정류장에서 친구를 만났다.

또, 다음 예문처럼 건물이 본래의 용도로 사용될 때도 전치사 at을 써.

I'm going to study at the library.
나는 도서관에서 공부 할 것이다.

도서관은 책을 빌리거나 공부하는 장소이고, 주어인 '나'는 도서관의
원래 용도대로 장소를 사용(공부)할 것이라고 말하고 있지?
그래서 예문의 library 앞에 전치사 at을 쓰는 것이 올바르단다.

in은 나라나 도시처럼 상대적으로 넓은 공간이나 장소의 내부를 나타
낼 때 공간이나 장소를 나타내는 명사 앞에 쓰여.

My uncle lives in London.   나의 삼촌은 영국에 산다.
Put that book in your bag.   그 책을 가방 안에 넣어라.

@@쌤, 질문이요

at과 in은 어떻게 달라요?

Let's meet at the city hall.
우리 시청에서 만나자.

시청 주변엔 다른 많은 장소들
이 있지만 시청이라는 한 지점
에서 만나자고 말하고 있어.

They met in the city hall.
그들은 시청에서 만났다.

시청이라는 3차원적인 내부의
공간에서 만났다는 것을 강조하
고 싶다면 in을 써야 해.

위치 전치사

위치를 나타내는 전치사들은 그림을 보며
이해해 보자.

on은 접촉된 모든 것들에 쓰일 수
있어.
사물이나 사람이 공간의 한 면에
맞닿아서 '~에, ~위에' 있을 때 사용되지.

> **Yunha is sitting on the bench.**
> 윤하가 벤치 위에 앉아있다.

over 또한 on과 같이 '~위에'라는 뜻이지만 표면에 닿지 않고
떨어져 있는 상태를 나타내.

> **The sun is over her head.**
> 해가 그녀의 머리 위에 떠 있다.

beneath는 면과 접촉한 상태의 아래에 위치할 때 '아래에'의 뜻으로
쓰여.

> **There's a ring beneath her right foot.**
> 그녀의 오른발 아래에 반지가 있다.

under는 '바로 아래'라는 위치를 나타내 준단다.

> **There's a cat under the bench.**
> 벤치 아래에 고양이 한 마리가 있다.

방향 전치사

방향 전치사는 뒤에 나오는 **명사로부터 어느 방향인지**를 알려 줘.
to는 **(도착지)**로 간다는 의미이고 for는 **(목적지)**를 향해 가는 것이란다.

to	for	from	into	up	down
~으로	~을 향하여	~으로부터	~안으로	위로	아래로

He went to the party last night.
그는 지난밤 파티에 갔다.

Mark came from Canada.
마크는 캐나다에서 왔다.

They left for Spain last night.
그들은 지난 밤에 스페인으로 떠났다.

두 단어 이상이 모여서 하나의 전치사 역할을 할 때도 있어.
in front of(~앞에), next to(~옆에) 등이 있지.

I am standing in front of the tree.
나는 나무 앞에 서 있다.

Jisoo is standing next to me.*
지수는 내 옆에 서 있다.

😊잠깐, 하나 더

* 전치사 뒤에 인칭대명사가 올 때는 목적격을 써 줘야 해.

시간 전치사

전치사가 같은 단어지만 여러 의미로
쓰인다고 했지?
at, in, on 이 시간을 나타낼 때는
시간의 종류나 범위에 따라 쓰임을
구분할 수 있어.

우선 at은 구체적이고 정확한 시간을 나타낼 때 쓰여.
at 8 o'clock(정각 여덟 시에), at noon(정오에), at lunchtime(점심시간에)과
같이 특정한 시간을 표현하는 것들의 앞에 at을 써. 시간을 알려 주는
시점을 겨냥한다고 생각하면 쉽게 기억할 수 있어.

> I get up at 6:30.   나는 여섯 시 삼십 분에 일어났다.

반대로 in은 몇 개월, 몇 년과 같이 긴 시간을 나타내. 아침에, 오후에,
저녁에 같은 말도 in을 써서 in the morning, in the afternoon, in
the evening라고 표현하지.

> I was born in February.   나는 2월에 태어났다.

on은 정확한 날짜나 요일, 특정한 날 앞에서 쓰여.
크리스마스는 특정한 날이니까 on Christmas (day)라고 할 수 있겠지?

> He gave me roses on Christmas.
> 그는 크리스마스에 나에게 장미를 주었다.

at과 on, in을 동시에 써 볼 수도 있어. 아래 예문처럼 말이야.

> **We met at 11 o'clock on March 2nd in 2011**
> 우리는 2011년 3월 2일 11시에 만났다.

서로 다른 쓰임새가 한눈에 보이지 않니? (◡‿◡)

before, after는 각각 시간의 앞 뒤 관계를 말해 줘.
before는 '~전에', after는 '~후에'라는 뜻으로 쓰여.

> **You must come back before 8 o'clock.**
> 너는 여덟 시 전에 돌아와야 한다.
>
> **We went for a walk after dinner.**
> 우리는 저녁식사 후에 산책을 갔다.

for, during은 둘 다 '~동안'으로 뜻이 같아.
for는 숫자를 포함한 구체적인 기간과 함께 쓰여. 그리고 during은
특정 기간을 나타낼 때, 또는 사건이나 행위가 발생한 때를 나타내는
경우에 사용돼. 그리고 이런 기간은 주로 명사로 표현하지.
예문을 보면 더 쉽게 이해가 될 거야.

> **Jisoo slept for 12 hours yesterday.** 구체적인 기간
> 지수는 어제 12시간 동안 잤다.
>
> **Roses bloom during the summer.** 특정기간(명사)
> 장미는 여름 동안 핀다.

전치사 for의 다양한 쓰임

영어 문장에서 하나의 전치사는 뒤따라 오는 명사나 대명사에 따라 여러 가지 의미로 쓰인단다. 그래서 많은 예문을 보면서 쓰임을 익히는 것도 아주 중요해. 다양한 의미로 쓰인 전치사 for가 사용된 문장을 보면서 활용법을 구분해 보자.

She has stayed here for a week. 그녀는 여기 일주일 동안 있었다.	시간(~동안)
My brother left for Sydney last month. 내 동생은 지난 달 시드니로 떠났다.	방향 (~을 향하여)
Thank you for inviting me. 저를 초대해 주어서 고맙습니다.	이유(~ 때문에)
He went abroad for study. 그는 공부하러 외국에 갔다.	목적(~을 위해)

전치사에 초점을 맞추면 문장의 정확한 의미를 파악하기가 한결 쉬워져. 😊

풀어 볼 거지?

01. 설명에 알맞은 장소의 전치사는 각각 무엇일까?

① • 비교적 좁은 장소
   • 하나의 지점
   (   )

② • 비교적 넓은 장소
   • 장소의 내부
   (   )

02. 시간의 전치사 at, in, on 중 알맞은 것을 빈 칸에 써 보자.

① _____ 8 p.m.

② _____ 1992

③ _____ February 27th

④ _____ Saturday

03. 문장의 빈 칸에 알맞은 전치사를 넣어 문장을 완성해 보자.

① Wash your hands _____ meals.
   식사 전에 손을 씻어라.
② I was so sleepy _____ the class.
   나는 수업시간 동안 너무 졸렸다.
③ They have studied math _____ 2 hours.
   그들은 수학을 2시간 동안 공부했다.

접속사는 문장을 구성하는 요소들을 연결해 주는

다리와 같은 역할을 해.

단어와 단어, 문장과 문장을 자유자재로 연결해 줄 수 있지.

대등한 요소를 연결해 주는 등위접속사와

주제 문장을 도와 보조 문장을 연결해 주는

종속접속사에 대해 공부해 보자.

열하나,
다리가 되어 주는
접속사

이쪽 저쪽을 이어주는 다리 접속사

접속사는 문장 요소들을 서로 이어주는 말이야.
단어와 단어, 구와 구, 절과 절을 연결하는 다리가 되어준단다.

구와 절이 기억나지 않는 사람은 16쪽을 다시 읽어도 돼

접속사가 어떻게 쓰이는지 예문을 함께 보자.

> ### She is brave. She is smart.　그녀는 용감해. 그녀는 똑똑해.

🔻

> ### She is brave and smart.　　그녀는 용감하고 똑똑해.

두 문장에서 같은 주어 동사 'She is ~'가 반복되고 있지?
접속사를 사용하면 같은 말의 반복을 피하고 알맹이들만 연결시켜
줄 수 있어. 이렇게 brave, smart와 같은 동등한 지위의 말들을 연결해
주는 접속사를 등위접속사라고 해.

등위접속사

and, but, or, so는 서로 대등한 관계를 연결해 주는 등위접속사야.
단어는 단어끼리, 절과 절끼리 연결해 줘야 해.

and는 '그리고, ~와'라는 뜻으로 서로 유사한 것끼리 연결해 줘.

> ### My hobbies are watching movies and taking pictures.
> 내 취미는 영화보기와 사진 찍기이다.

but은 '그러나, 하지만'이라는 뜻으로 서로 반대되는 것들을 연결하지.

I dropped the frame but it didn't break.
나는 액자를 떨어뜨렸지만 그것은 깨지지 않았다.

or는 '또는, 혹은'이라는 뜻이야. 선택해야 할 것을 덧붙일 때 사용해.

Which one do you like? Pizza or chicken?
어떤 것을 좋아하나요? 피자 또는 치킨 중에서?

so는 '그래서'라는 뜻으로 so의 앞 문장은 원인을, 뒷 문장은 결과를 나타내. 단어와 단어, 구와 구, 절과 절을 자유롭게 연결해 주는 and, but, or과 달리 so는 문장과 문장(절과 절)을 연결해 준단다.

I was sick. So, I didn't go to school.
나는 아파서 (그래서) 학교에 가지 않았다.

😎자주하는 실수

명령문 and와 명령문 or

명령문을 and, or와 함께 쓰면 조금 특별한 의미를 가져.
명령문 다음에 오는 and는 '그러면'을 뜻하고

Leave your phone number and you will get a 50% coupon.
너의 번호를 남겨라, 그러면 50% 할인을 받을 수 있을 것이다.

명령문 다음에 오는 or는 '그렇지 않으면'의 뜻이야.

Be careful, or you will get hurt.
조심해라. 그렇지 않으면 너는 다칠 거야.

이 문장은 마치 부모님께서 하시는 말씀 같네! 🙂

종속접속사

등위접속사는 대등한 것들을 연결해 줘. 그리고 이 대등한 것들은 단독으로 쓰인 단어나 구, 혹은 절이 될 수도 있었지.

기억하고 있지? (◡‿◡)

종속접속사는 절과 절을 연결하는 역할을 해.
하지만 여기서 연결되는 문장들은 등위접속사로 연결할 때처럼
대등한 상태의 절과 절이 아니란다.

종속접속사는 진짜 하고자 하는 말 뒤에서 부가적인 정보를 연결해 줘.
더 중요한 것과 덜 중요한 문장을 이어주는 셈이지.

문장에서 전달하려는 더 중요한 것을 포함하는 문장을 주절이라고 하고
중요한 것을 보조하는 부가 정보를 전달하는 문장을 종속절이라고 해.

예문에서 주절과 종속절을 구분해 보도록 할까?

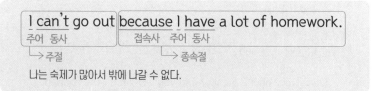

I can't go out because I have a lot of homework.
주어 동사　　　　　접속사 주어 동사
→주절　　　　　　→종속절
나는 숙제가 많아서 밖에 나갈 수 없다.

주절은 문장에서 더 중요한 것을 담고 있다고 했지?
즉, 문장의 중심이 되는 절이란다. 단독으로 쓰일 수 있는 완전한 문장이지.

종속절은 단독으로는 쓰일 수가 없고 반드시 주절과 함께 쓰이면서 의미를 보충해 줘. 이때 종속절을 이끄는 접속사를 종속접속사라고 하는

것이란다. 접속사를 활용하면 이렇게 한 문장 안에서도 두 개 이상의
절이 등장할 수 있어.

😊잠깐, 하나 더

왼쪽의 등위접속사로 연결된 문장은 별개의 사실을 나열하고 있지만
오른쪽 종속접속사로 연결된 종속절은 주절의 이유를 설명해 주고 있어.

She is drinking coffee and
그녀는 커피를 마시고
her friend is drinking water.
그녀의 친구는 물을 마시고 있다.

I was late for school
나는 늦게 일어나서
because I woke up late.
학교에 늦었다.

차이점이 한눈에 보이지? 😊

종속접속사는 크게 명사처럼 쓰이거나 부사처럼 쓰인단다.
명사처럼 쓰이는 종속접속사를 명사절,
부사처럼 쓰이는 종속접속사를 부사절이라고 해.

새롭게 등장한 종속접속사, 명사절, 부사절과 같은 용어들이 조금 낯설지? 앞으로 배우게 될 문법 개념들을 다룰 때 자주 등할 예정이니 이해가 가지 않는다면 주절과 종속절에 대한 설명을 천천히 한 번 더 읽어보도록 하자.

that으로 시작하는 명사절

접속사 that은 종속접속사로써 주어 동사를 이끄는
「that + 주어 + 동사」의 구조야.
이때의 that은 '~라는 것'의 뜻으로 명사 역할을 하면서
주어, 목적어, 보어로 쓰이는 명사절을 이끌 수 있어.
접속사 that을 어떻게 활용 할 수 있는지 예문으로 알아보자.

> I know. 나는 안다.
> He likes horror movies. 그는 공포 영화를 좋아한다.

that을 사용하면 두 문장을 '나는 ~라고 안다(알고 있다)'라는
하나의 문장으로 연결시켜 줄 수 있어.
동사 뒤에 that을 써서 알고 있는 내용을 연결해 주면 돼.

> I know that he likes horror movies.
> 나는 그가 공포 영화를 좋아한다는 것을 안다.

접속사 that은 지시대명사 that과는 모양이 같지만 쓰임이 달라.
또 다른 주어 동사를 이어주는 역할을 하지. that 뒤로 따라오는 절은
주어 동사로 구성되어 내가 무엇을 알고있는지에 대한
부가 정보를 제공해 주는 것이란다.

어때! 어렵지 않지? (･‿･)

130

부사절을 이끄는 시간, 이유, 조건을 나타내는 접속사

부사절을 이끌면서 주절에서 이야기하려는 시간, 조건, 이유 등의
부가 정보를 설명해 주는 접속사들이 있어.

접속사 when, after, before가 이끄는 부사절은 시간 정보를,
because는 이유를, if와 unless가 이끄는 부사절은 조건을 나타내지.
대조되는 문장을 연결해 주는 although, though 같은 접속사도 있어.

각각의 쓰임을 순서대로 살펴보도록 하자.

시간을 나타내는 종속접속사가 이끄는 부사절은 주절을 보조하여
동작이나 상태가 일어난 시간을 설명해 준단다.

when은 '~할 때'라는 뜻으로 동작이나 상태가 언제 일어났는지 말할
때 쓰여.

> **When she woke up, it was already afternoon.**
> 그녀가 일어났을 때, 벌써 오후였다.

while은 두 가지 일이 동시에 일어나는 상황에 쓸 수 있는 부사절 접
속사란다. '~하는 동안'의 뜻을 가지고 있지.

> **I read a book while I was waiting for them.**
> 나는 그들을 기다리는 동안 책을 읽었다.

Q. 부사절이 문장 앞에 올 수도 있나요?

A. 부사절이 앞에 있던지 뒤에 있던지 문장의 의미는 변하지 않지만, 이때는 부사절 뒤에 꼭 콤마 (,)를 넣어 줘야 해.

> While I was waiting for them, I read a book.

종속접속사와 함께 쓰인 문장이 종속절이라는 것만 기억해 두자.

after는 뒤에 오는 문장과 함께 '~한 후에'라는 뜻으로 쓰여.

I will watch TV after I take a shower.
나는 샤워를 한 후에 TV를 볼 것이다.

before는 '~전에'라는 뜻으로 부사절을 이끌 수 있어.

Please call me before you arrive.
도착하기 전에 내게 전화 주세요.

since는 시간을 나타내는 접속사로 쓰일 때 '~한 이후로'라는 뜻으로 쓰여.

I've lived in this city since I was born.
나는 태어난 이후로 이 도시에 살고 있다.

because는 '왜냐하면, ~ 때문에'라는 뜻으로 주절의 이유를 설명해 주지.

I went home early because I was tired.
나는 피곤했기 때문에 집에 일찍 갔다.

since는 because와 똑같은 의미로 이유를 나타내는 접속사로 쓰일 수 있어. 시간을 나타내는 접속사로 쓰일 때도 있으니 문맥상의 의미를 잘 구분해야겠지?

> Since it was late, the shop was closed.
> 늦은 시간이었기 때문에, 가게는 닫혀 있었다.

because, since가 이끄는 부사절은 이유를, 주절은 부사절이 나타내는 이유에 대한 결과를 표현해 주고 있어.

😎 자주하는 실수

because와 because of는 둘 다 '~ 때문에'라는 뜻이야.
하지만 because는 접속사로써 주어 동사가 있는 절을 이끌고
because of는 전치사란다. 전치사 다음에는 명사가 와야겠지?

> The game was cancelled because it rained.
> 「주어+동사」
>
> The game was cancelled because of the rain.
> 명사

두 문장은 '비가 와서 경기가 취소되었다.'로 같은 의미야.

if는 '만약 ~라면'의 뜻으로 주절의 조건이나 가정을 나타내.

> I will take a taxi if it rains tomorrow.
> 내일 비가 온다면 나는 택시를 탈 것이다.

앗, 주절과 종속절의 시제가 다른데 어떻게 된 일이지? 그것은 말이야, 조건의 부사절에서는 미래의 일을 나타내더라도 현재시제를 쓴단다. 그러니까 if가 이끄는 문장에서 현재시제는 미래의 의미로 쓰인 셈이지.

반대의 의미인 '~하지 않으면'으로 쓰이는 unless도 함께 기억해 두자.
unless는 if ~ not과 바꾸어 쓸 수 있어.

> Unless you leave now, you'll miss the bus.
> = If you don't leave now, you will miss the bus.
> 지금 떠나지 않는다면 버스를 놓칠 것이다.

although, though는 '비록 ~ 일지라도'의 뜻으로 대조되는 문장을 연결해.

> Although(=though) it is March, it feels like winter.
> 3월임에도 불구하고 겨울처럼 느껴진다.

3월이면 따뜻할 것 같은데 겨울처럼 느껴지는 대조되는 상황에서
although가 두 문장을 연결해 주고 있어.
접속사 although를 쓰면 'It is March, it feels like winter.'라고
쓸 때 보다 대조의 의미가 더욱 명확해 지면서 주절이 큰 힘을 갖게
되지. 잘 모르겠다고? 예문을 하나 더 보도록 하자.

> He is not shy. He is very quite.
> 그는 수줍어하지 않는다. 그는 아주 조용하다.

둘 중 강조하려는 문장이 무엇인지 쉽게 알 수 없지?
하지만 although를 사용하면 그는 매우 조용하지만 '수줍어하는 사람
은 아닌' 것을 강조할 수 있단다.

> He is not shy, although he is very quite.
> 그는 매우 조용하지만 수줍어지는 않는다.

그래도 모른다고? 그럼 한번 더 읽어야지! (⌣)

134

풀어 볼 거지?

01. 접속사와 뜻이 알맞게 짝지어진 것을 골라 보자.

① when ~ 때문에　　　　② because 그리고

③ or 또는　　　　　　　④ but ~할 때

02. 밑줄 친 that 절이 문장 안에서 어떤 역할을 할까?

① I think that he is honest.

　　　　　　　　　□ 주어　□ 목적어　□ 보어

② The truth is that she loves me.

　　　　　　　　　□ 주어　□ 목적어　□ 보어

03. 우리말 해석과 같아지도록 빈 칸에 알맞은 접속사를 써 보자.

① 한가할 때 나는 보통 책을 읽는다.

　_____ I'm free, I usually read books.

② 나는 다리를 다쳐서 빨리 걸을 수 없다.

　I can't walk fast _____ I hurt my leg.

04. 빈 칸에 알맞은 단어와 뜻을 써 보자.

> _____는 '만약~라면'의 뜻으로 조건을 나타내는 접속사이다.
> if~not은 '만약 ~하지 않으면'의 뜻으로 _____로 바꿀 수 있다.

to부정사는 「to + 동사원형」의 형태로

동작의 의미를 명사, 형용사 또는 부사 자리에 쓸 수

있도록 만들어 준단다.

to부정사의 쓰임은 너무나도 다양해서

한 가지로 정의 내릴 수 없지만

어떤 역할로 분류할 수 있는지 함께 알아보자.

열둘,
다양하게
쓰이는
to부정사

다양하게 쓰이는 to부정사

한 문장에 동사는 한 개뿐이라는 영어의 중요한 규칙, 기억하고 있겠지?
하지만 한 개뿐인 동사로는 단순한 내용밖에 전달할 수가 없어.

> **I want a car.**   나는 자동차를 원한다.
> 동사

'나는 자동차를 원한다'라는 단순한 문장에 '자동차 사기를 원한다'와
같이 '사다'라는 뜻을 추가하고 싶다면 어떻게 할까?
이때 필요한 것이 지금부터 배울 to부정사란다.
'사다'라는 뜻의 동사 buy에 to를 붙여 주면 아래의 예문에서처럼
동사의 의미를 명사처럼 쓸 수 있게 되는 것이지.

> **I want to buy a car.**   나는 자동차를 사기를 원한다.

to부정사는 「to+동사원형」의 형태로 문장에서 명사, 형용사, 부사의 역할
을 해. 방금 우리가 만들어 본 문장에서 to부정사는 명사처럼 쓰였지.

동사의 의미를 가지고 명사 역할을 할 수 있다니,
to부정사는 그야말로
만능 아이템이라고 할 수 있지.
우리가 게임을 할 때 원래 캐릭터에
아이템을 장착시켜서 이전에 못하던
임무들도 척척 수행해 낼 수 있는 것
처럼 말이야!

to부정사의 특징과 용법

혹시 부정사라는 말이 어렵게 느껴지니?
부정사는 쓰임새가 하나로 정해져 있지 않은 말이라는 의미야.
말 그대로 하나의 역할에 제한되지 않고
여러 가지 역할로 쓰이기 때문에 붙은 이름이란다.

동사는 시제가 현재인지 과거인지,
혹은 주어가 3인칭 단수인지 복수인지 여부에 따라 형태가 변해.
반면에 to부정사는 동사의 의미만 가지고 있을 뿐 시제나 수를
나타내는 역할에는 벗어나 있기 때문에 항상 「to부정사 + 동사원형」
의 형태로 쓰인단다.

He likes to play basketball.   그는 농구하는 것을 좋아한다.
문장   plays(×) 주어나 시제에 상관없이 항상 동사원형을 써야 해
전체의 동사

골치 아픈 일은 동사에게 맡기자! (‿)

또 동사가 to부정사로 형태가 바뀌면
문장에서 동사가 아닌 다른 품사의 역할을 할 수 있지.
예시로 든 문장에서 to play는 동사 '(운동 경기를)하다'가 아닌
명사 '(운동 경기)하는 것'의 뜻으로 쓰인 것 처럼 말이야.

자, 이제 명사 역할을 하는 to부정사를 자세히 살펴보고
형용사, 부사 역할을 하는 to부정사의 쓰임까지 함께 공부해 보자.

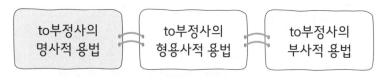

to부정사가 문장 안에서 명사처럼 쓰일 때
to부정사는 '~하는 것, ~하기'의 뜻을 가진단다.
명사적 용법의 to부정사는 문장 안에서 주어, 목적어, 보어 역할을 하지.
주어로 쓰인 to부정사는 아래의 예문과 같이 '~하는 것'이라는 뜻으로
쓰인단다.

To learn English is fun. 주어 역할을 하는 to부정사
영어를 배우는 것은 재미있다.

그런데 꼭 짚고 넘어가야 하는 부분이 있어. 윗 문장은 문법적으로
옳지만 사실 원어민들은 주어가 긴 문장을 별로 좋아하지 않아.
그래서 부정사로 된 주어가 길어지면 주어를 뒤로 빼 버리곤 하지.
빈 주어자리는 가짜 주어 it으로 채워 둘 거야.

It is fun to learn English.   영어를 배우는 것은 재미있다.
가주어   진주어

여기서 It은 아무 의미가 없어. '그것'이라고 해석하지 않아.
그저 형식적인 주어로 to부정사를 가리킬 뿐이야.
이때 쓰인 It은 가짜 주어 가주어라고 부르고
뒤로 물러난 to부정사 구를 진짜 주어 진주어라고 부른단다.

명사적 용법의 to부정사가 목적어로 쓰일 때는 '~하는 것을' 뜻하고 보어로 쓰인 to부정사는 주어나 목적어의 상태를 보충 설명해 주면서 '~하는 것(이다)'라는 뜻으로 쓰여. 쓰임새에 따른 의미에 주의하며 아래의 예문을 살펴보자.

> **I want to buy a new bag.** 목적어 역할을 하는 to부정사
> 나는 새 가방을 사는 것을 원한다.
> **Her job is to teach students.** 보어 역할을 하는 to부정사
> 그녀의 직업은 학생들을 가르치는 것이다.

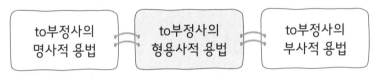

to부정사의 명사적 용법	to부정사의 형용사적 용법	to부정사의 부사적 용법

to부정사가 형용사 역할을 할 때는 마치 형용사처럼 명사나 대명사를 꾸며줄 수 있어. 문장에서 '~할, ~해야 할'이라는 뜻으로 쓰이지.
아래의 예문을 보면 명사적 용법과 다른 쓰임을 알 수 있을 거야.

> **Hana bought a book to read.** 하나는 읽을 책을 한 권 샀다.
> **You have a promise to keep.** 너는 지켜야 하는 약속이 있다.

두 개의 예문에서 to부정사는 a book(책 한 권)이나 a promise(약속) 등의 명사 뒤에서 설명을 더해 주는 역할을 하고 있어. 명사를 수식하는 쓰임새가 형용사와 같아서 형용사적 용법이라고 부른단다.
형용사는 보통 명사 앞에 위치하지만 형용사적 용법의 to부정사는 명사 뒤에서 명사를 수식한다는 것을 기억해 두자.

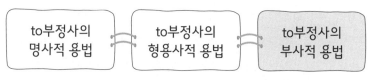

to부정사의
명사적 용법 ⸺ to부정사의
형용사적 용법 ⸺ to부정사의
부사적 용법

마지막으로 부사 역할을 하는 to부정사는 부사처럼 동사, 형용사, 부사를 꾸며 줄 수 있어. 목적이나 원인과 결과를 나타내기도 하고 형용사나 부사를 수식하기도 해.

행동의 목적을 나타내는 to부정사는 '~하기 위해서'라고 해석할 수 있어. 아래 예문에서처럼 어떤 행동의 이유나 목적을 밝힐 때 쓰이지.

> She saved money to buy a car.
> 그녀는 차를 사기 위해서 돈을 모았다.　목적

목적의 의미를 명확하게 나타내고 싶다면,
「in order to + 동사원형」을 써서 목적의 의미를 강조해 줄 수 있어.
to부정사의 쓰임을 생각해 보기 전에 의미 파악이 가능하기 때문이야.

> I woke up at 6 in order to go to work.
> 나는 일하러 가기 위해 6시에 일어났다.

to부정사가 감정의 원인을 나타낼 때는 glad(기쁜), happy(행복한), sad(슬픈), sorry(미안한, 유감인) 등의 감정 형용사와 함께 쓰이지.
아래 예문은 '기쁘다'라는 감정이 생긴 이유(원인)를 to부정사로 설명하고 있어. to부정사는 이때 '~해서'라는 뜻을 가진단다.

> I'm glad to meet you.
> 당신을 만나서 기쁩니다.

결과를 나타내는 부사적 용법의 to부정사는 아래 문장처럼 쓰여.
'(그래서) ~하다'라는 결과의 뜻으로 사용되었어.

> He grew up to be a scientist.
> 그는 자라서 과학자가 되었다.

판단의 근거를 나타내는 부사적 용법의 to부정사는 말하는 사람이
그렇게 생각하는 이유나 근거를 나타내.
'~하다니, ~하는 것을 보니'라는 뜻으로 쓰인 것을 알 수 있겠지?

> I was lucky to win the contest.
> 대회에서 우승을 하다니 나는 운이 좋았다.

형용사를 수식하는 부사적 용법의 to부정사는 '~하기에'라는 뜻으로
앞에 있는 형용사를 꾸며 주는 역할을 해.

> This book is difficult to understand.
> 이 책은 이해하기 어렵다.

형용사를 수식하는 to부정사의 임무가 꼭 부사와 같지! (ˆ‿ˆ)

to부정사만을 목적어로 쓰는 동사

to부정사가 동사 뒤에서 목적어로 쓰일 때
어떤 동사들은 to부정사만을 목적어로 쓴단다.
이걸 왜 알아 둬야 하냐면 다음 단원에서 동명사를 배울 예정인데
동명사만 목적어로 쓰는 동사들이 따로 있거든.

아래 단어들은 오직 to부정사를 목적어로 쓰는 동사들이야.

want (원하다)	hope (희망하다)	wish (바라다)
plan (계획하다)	decide (결정하다)	promise (약속하다)
expect (기대하다)	agree (동의하다)	need (필요하다)
would like (~하고 싶다)	learn (배우다)	choose (고르다)

to부정사만 목적어로 쓰는 동사들은 주로 미래 상황을 나타내.
아래 문장에서 주어인 '나'는 박물관에 갔을까?

> I decided to go to the museum.
> 나는 박물관에 가기로 결정했다.

내가 말을 한 시점에 박물관에 갈 것을 결정했을 뿐 박물관에 가는 것
은 아직 일어나지 않았어. decide는 앞으로 일어날 일에 대해 결정한
것이기 때문에 미래의 의미를 나타내는 to부정사를 써서 표현해 준
단다.

아직 일어나지 않은 무언가를 원하고, 희망하고, 약속하고 계획하고,
결정하는 의미의 동사는 미래의 의미를 포함한 to부정사와 자연스럽
게 짝이 되는 거야!   OK? (◡‿◡)

풀어 볼 거지?

01. to부정사에 대한 설명이 맞으면 O, 틀리면 X에 표시해 보자.

① to부정사는 문장 안에서 전치사 역할을 한다.

(   )

② ②to부정사의 형태는 시제와 주어에 상관없이 to 동사원형이다.

(   )

02. 주어진 문장을 가주어 It으로 시작하는 문장으로 바꾸어 써 보자.

To play the drum is my hobby.

➡

03. 밑줄 친 부분의 알맞은 형태를 써 보자.

She wants <u>living</u> in Seoul.

➡

04. 문장의 to부정사는 어떤 용법으로 쓰였는지 써 보자.

We are happy to see you again.

➡

04. 부사적 용법(감정의 원인)

01. ① X, ② O   **02.** It is my hobby to play the drum.   **03.** to live

동명사는 「동사원형+ing」의 형태로 명사의 역할을 한단다.

'~하는 것, ~하기'라는 뜻으로 명사처럼

주어, 목적어, 보어 역할을 하는 것이지.

열셋,
동사인데
명사처럼
쓰이는 동명사

동사인데 명사처럼 쓰이는 동명사

동명사는 말 그대로
명사 역할을 수행하는 동사란다.
동작의 의미를 명사 자리에
쓰고 싶을 때 아주 유용하지.
의미상 동작을 나타내기 때문에
동사처럼 목적어나 수식어를 취할 수 있고
주어 목적어 보어 자리에 쓰일 수 있어.

나는 원래
동사야!

그런데 이제
명사야!

동명사는 「동사원형 + ing」의 형태로 쓰인단다.

| help
(돕다) | **+** | ing | ➡ | helping
(돕기, 돕는 것) |

동사: ~하다

동명사: ~하기, ~하는 것

동명사의 특징과 용법

동명사는 명사처럼 문장에서 주어, 목적어, 보어 역할을 할 수 있어.
to부정사의 명사적 용법과 비슷하기 때문에 동명사 자리에 to부정사
를 대신 써 줄 수도 있어. 아래 예문처럼 말이야.

I like to take pictures.
I like taking pictures.   나는 사진 찍는것을 좋아한다.

물론 쓰임이 다른경우도 있지. 천천히 알려줄 테니 걱정하지마! (·‿·)

주어 역할을 하는 동명사는 '~하는 것은, ~하기는'이라는 뜻으로 항상 단수로 취급하지. 동명사와 to부정사 모두 주어 역할을 하므로 동명사 주어는 to부정사 주어로 바꾸어 써도 좋아.

Painting is my hobby.   그림 그리기는 내 취미이다.
➜ To paint is my hobby.

동명사는 동사의 목적어로 쓰일 수도 있어. '~하는 것을(를)'로 해석해. 아래 예문은 동명사 helping이 동사 뒤에서 목적어 역할을 하고 있는 문장이란다.

I like helping my mom.   나는 나의 엄마를 돕는 것을 좋아한다.

보어 역할을 하는 동명사는 '~하는 것(이다)'라는 뜻으로 주로 be동사 뒤에 쓰여서 주어를 설명해 주는 역할을 해. 동명사와 to부정사 모두 문장에서 보어 역할을 할 수 있으니까 동명사 보어는 to부정사 보어로 바꾸어 쓸 수 있어.

My hobby is reading a book.   내 취미는 책을 읽는 것이다.
➜ My hobby is to read a book

to부정사와 동명사는 모두 동사의 형태를 변화시켜 문장에서 동사가 아닌 다른 역할을 하도록 만든 말이란다. 하지만 여러 가지 역할을 하는 to부정사와는 다르게 동명사는 딱 한 가지 명사의 역할만을 하지.

😊😊쌤, 질문이요

Q. My hobby is reading...?은 「be동사+ing」 형태는 진행형이 아닌가요?

A. 동명사가 be동사의 보어로 쓰이면 진행형과 모양이 똑같아 지는 것이지.
이럴 때는 문맥을 통해서 진행형과 동명사를 구분해 낼 수 있어.
'~하는 것'으로 해석되면 동명사이고 '~하고 있다'로 해석되면 현재진
행형으로 쓰는 거야.

He is washing the dishes.   그는 설거지를 하고 있다.
주어 동사   목적어
Her dream is becoming a pilot. 그녀의 꿈은 조종사가 되는 것이다.
주어   동사   보어:동명사구

😊잠깐, 하나 더

to부정사와 동명사를 목적어로 쓰는 동사

어떤 동사들은 to부정사나 동명사를 둘 다 목적어로 쓸 수 있어.
의미 차이가 거의 없는 start(시작하다), begin(시작하다), love(사랑하다)
like(좋아하다), prefer(선호하다), continue(계속하다)와 같은 동사들이지.

The thief started to run.   그 도둑은 달리기 시작했다.
              =running

하지만 목적어의 형태에 따라 의미가 다른 동사들도 있지.
동사의 의미가 어떻게 바뀌는지 아래에 정리해 봤어.

forget	to부정사	(앞으로) ~할 것을 잊다.
forget	동명사	(과거에) ~했던 것을 잊다.
remember	to부정사	(앞으로) ~할 것을 기억하다.
remember	동명사	(과거에) ~했던 것을 기억하다.
try	to부정사	(앞으로) ~하려고 노력하다.
try	동명사	(과거에) 시험 삼아 해 보다.

Don't forget to attend the meeting. 회의에 참석하는 거 잊지마.
He forgot taking the medicine.   그는 약을 먹은 것을 잊었다.

동명사만 목적어로 쓰는 동사

동명사가 목적어 역할을 할 때, **동명사만을 목적어로 쓰는 동사들**이 있어. 아래에 있는 동사들은 오직 동명사만을 목적어로 갖는단다.

> avoid (피하다)   enjoy (즐기다)   finish (끝내다)
> mind (꺼리다)   give up (포기하다)   keep (계속하다)

앞으로 일어날 일에 대해 이야기하는 동사들은 to부정사를 목적어로 쓰는 경향이 있었어. 반대로 동명사는 주로 현재나 과거의 상황을 나타내곤 해. 그래서 현재의 상황을 실현시키거나 이전에 일어났던 일, 혹은 경험한 것에 대해 이야기하는 동사들은 동명사를 쓰는 게 자연스러워. 아래의 예문을 함께 살펴보자.

> I enjoyed staying at the hotel.
> 나는 그 호텔에서 지내는 것을 즐겼다.

주어가 이야기하는 시점에 '호텔에서 지낸' 것은 끝난 경험이야.
따라서 enjoy는 목적어로 과거의 의미를 갖는 동명사를 써 줘야 해.
한 문장만 더 함께 살펴보도록 할까?

> Do you mind closing the window?
> 창문을 닫아도 되겠습니까?

mind는 '꺼리다, 싫어하다'라는 의미로 직역하면 창문을 닫는(현재의) 상황이 불편한가요? 하고 물어보는 문장이야. 두 가지 동작이 같은 시점에서 발생한다고 볼 수 있기 때문에 mind는 동명사와 쓰이는 것이 자연스러워.

☺ 잠깐, 하나 더

mind가 쓰인 의문문에 대답하는 법은 조금 까다로워.

'Would you mind...?' 혹은 'Do you mind...?'와 같은 질문들은 상대방에게 실례가 될 수 있는 행동을 하기 전에 많이 쓰이곤 해.

문장의 형태는 부정문이 아니지만 mind가 동사로 쓰이면 '~을 꺼리다'의 부정적인 표현으로 쓰이기 때문에 우리에겐 조금 알쏭달쏭할 수 있지.

아래 질문들의 실제 의미를 파악하면 어떻게 대답해야 하는지 헷갈리지 않을 거야.

Do you mind closing the door?
문 좀 닫아도 될까요?
(당신은 문을 닫는 것을 꺼리시나요?)

Would you mind opening the window?
창문 좀 열어도 될까요?
(당신은 창문을 여는 것을 꺼리시나요?)

괜찮아요. 그렇게 하세요.
No, I don't mind. (Do you mind~? 일 때)
No, I would not. (Would you mind~? 일 때)
No, not at all. Please do so.
No, go ahead.

싫습니다. 그렇게 하지 마세요.
Yes, I do. (Do you mind~? 일 때)
Yes, I would. (Would you mind~? 일 때)
Yes, I'm sorry.
I'm sorry. Please don't.

풀어 볼 거지?

01. 밑줄 친 동명사는 주어, 목적어, 보어 중 어떤 역할을 하고 있을까?

① She likes <u>riding</u> a bike.　　　　　_____

② Her job is <u>teaching</u> English.　　　_____

③ <u>Being</u> kind to friends is good.　　　_____

02. 우리말 해석과 같아지도록 동명사와 보기의 단어를 사용해서 문장을 완성해 보자.

> 보기
> start　enjoy　read　finish　eat　clean

① 그녀는 교실 청소를 끝마쳤다.

She _____ _____ the classroom

② 나는 만화책 읽는 것을 즐긴다

I _____ _____ comic books.

③ 우리는 아침을 먹기 시작했다.

We _____ _____ breakfast.

03. 밑줄 친 부분의 알맞은 형태로 써 보자.

I kept <u>wait</u> for my brother.

➡

알아두면 좋은 영어의 5가지 형식

동사가 가진 특성에 따라 영어 문장을 다섯 가지로 나눌 수 있다고 한
것 기억하니?
문장의 형식에 따라 실제로 어떤 동사들이 쓰이는지 다시 한번 자세하
게 정리해 봤어.

1형식 문장은 「주어 + 동사」만으로 완전하게 의미가 통하는 문장이야.
이때 사용하는 동사는 보어나 목적어를 필요로 하지 않아.
walk(걷다) 같은 동사는 목적어가 없어도 문장을 만들 수 있어. 이런 동
사들을 자동사라고 해.

> She walks very fast.　　그녀는 아주 빠르게 걷는다.
> 주어　동사　수식어구(부사구, 전치사구)가 함께 쓰일 수 있어

2형식 문장은 「주어 + 동사 + 주격 보어」로 이루어진 문장이야.
주격 보어는 주어를 설명할 때 필요한데, 명사 또는 형용사가 쓰여.
아래에 주격 보어가 필요한 동사들을 정리해 보았어.

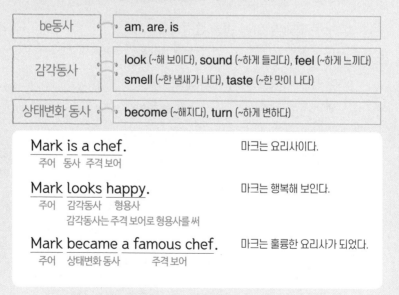

be동사	am, are, is
감각동사	look (~해 보이다), sound (~하게 들리다), feel (~하게 느끼다) smell (~한 냄새가 나다), taste (~한 맛이 나다)
상태변화 동사	become (~해지다), turn (~하게 변하다)

> Mark is a chef.　　　　　　마크는 요리사이다.
> 주어　동사　주격 보어
>
> Mark looks happy.　　　　　마크는 행복해 보인다.
> 주어　감각동사　형용사
> 　　　감각동사는 주격 보어로 형용사를 써
>
> Mark became a famous chef.　마크는 훌륭한 요리사가 되었다.
> 주어　상태변화 동사　　주격 보어

3형식 문장은 「주어 + 동사 + 목적어」로 이루어져 있어.

문장을 만들 때 목적어를 필요로 하는 동사들을 타동사라고 해.

eat(먹다)과 같은 동사들은 반드시 한 개의 목적어가 필요해.

타동사가 쓰인 문장은 주로 '~을 하다(한다)'라고 해석돼.

know(알다), meet(만나다), like(좋아하다)와 같이 많은 동사들이 대부분 타동사이기 때문에 자주 볼 수 있는 문장의 형식이지.

Minjoo eats bananas every day. 민주는 매일 바나나를 먹는다.
주어   동사   목적어   수식어구(부사구)

Minjoo likes to play the games. 민주는 게임하는 것을 좋아한다.
주어   동사   목적어(to부정사)

4형식 문장은 「주어 + 동사 + 간접목적어 + 직접목적어」로 쓰이면서 '(사람)에게 (사물을)주다'라는 뜻을 가지고 있어.

이때 쓰이는 동사는 두 개의 목적어를 가지게 되는데 이런 동사를 수여동사라고 해. give(주다), send(보내다), make(만들다)와 같은 동사들이 바로 수여동사란다.

목적어가 두 개인 문장은 목적어가 한 개인 3형식 문장으로 바꾸어 줄 수도 있어. 아래 예문처럼 말이야.

4형식   Mark   gave   me   a birthday present.
주어   수여동사   간접목적어   직접목적어

3형식   Mark   gave   a birthday present   to me.
주어   수여동사   간접목적어   직접목적어
(대)명사 앞에 전치사를 쓰면 부사구가
되어 전환된 문장은 3형식이 된단다

마크가 내게 생일 선물을 주었다.

5형식 문장은 「주어 + 동사 + 목적어 + 목적격 보어」로 이루어져 있어. 목적격 보어는 목적어의 성질이나 상태를 보충 설명해 주는 역할을 하는데, 동사에 따라 명사, 형용사, to부정사 등이 쓰인단다.
아래에 **자주 쓰이는 5형식 동사**를 정리해 두었어. 일부 동사만이 5형식 문장을 만들 수 있기 때문에 예문과 비교해 보면서
잘 기억해 두도록 하자.

목적격 보어로 명사를 쓰는 동사	call (~라고 부르다), elect (~를 뽑다) name (~라고 이름 짓다)
목적격 보어로 형용사를 쓰는 동사	keep (유지하다), find (알아차리다) make (~하게 만들다), get (~가 되게 하다)
목적격 보어로 to부정사를 쓰는 동사	want (원하다), tell (말하다), ask (요청하다) allow (허락하다), expect (기대하다)

They   call   me   captain.
주어   동사   목적어   목적격 보어(명사)

그들은 나를 대장이라고 부른다.

The news   made   me   nervous.
주어   동사   목적어   목적격 보어(형용사)

그 뉴스는 나를 불안하게 만들었다.

The doctor   advised   me   to get some rest.
주어   동사   목적어   목적격 보어(to부정사)

그 의사는 나에게 약간의 휴식을 가질 것을 충고했다.

😊 잠깐, 하나 더

지각동사와 사역동사

지각동사는 5형식 동사로써 감각을 인지하는 동사들이야. 아래의 동사들은 각각 '~가 ~하는 것을 보다(듣다), ~한 냄새가 나다, ~한 느낌이 들다'라는 뜻을 가지고 있어.

see	hear	listen to	smell	feel

지각동사의 목적격 보어 자리에는 동사원형이나 「동사 + ing」 형태의 현재분사가 쓰이곤 해. 현재분사가 쓰이는 경우에는 진행 중인 동작이 강조되어 더 생생한 순간을 전달할 수 있게 된단다.

I saw the sun rise this morning.
> 비슷한 의미의 감각동사는 형용사와 함께 쓰이지만
> 지각동사 다음에는 (대)명사가 쓰여
나는 오늘 아침에 해가 뜨는 것을 보았다.
She saw him walking down the road.
> 대명사
그녀는 그가 길을 따라 내려가고 있는 것을 봤다.

5형식 동사인 사역동사는 '~하도록 시키다, ~가 ~하게 하다'의 뜻으로 대표적인 사역동사에는 make, have, let이 있어.
사역동사의 목적격 보어 자리에는 동사원형을 써야 해.
to부정사나 동명사가 올 수 없다는 것에 주의하자.

The pants make you look taller.
> to look (✗)
> looking (✗)
그 바지는 너를 키가 커 보이게 만든다.

She had me carry those heavy boxes.
그녀는 내가 이 무거운 상자들을 옮기게 했다.

Please let me know your opinion.
당신의 의견을 제게 알려주세요.

우리말과 영어는 시간을 구분하는 개념이 달라서

영어 시제를 바르게 쓰기가 까다로울 때가 많아.

생소할 수 있는 영어의 시간 개념을 정리해 보자.

열넷,
복잡한 시제

복잡한 진행시제와 완료시제

변화무쌍한 동사는 인칭과 수에 따라 모양을 바꾸곤 해.
또 늘 하는 일인지, 이미 한 일인지, 앞으로 할 일인지에 따라
현재, 과거, 미래시제로 모양을 바꿀 수도 있어.

그림처럼 하나의 동사는 동작이나 상태가 일어난 때에 따라 여러 가지
형태로 변하면서 시제를 표현할 수 있단다.

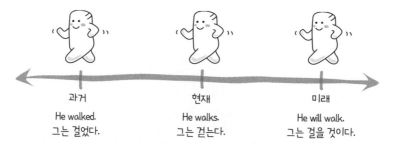

과거	현재	미래
He walked.	He walks.	He will walk.
그는 걸었다.	그는 걷는다.	그는 걸을 것이다.

여러분들의 영어 실력은 제각각이겠지만 한국어 실력만큼은 자신 있지?
그럼 질문 한 가지만 해 볼께.
우리가 표현하는 시제는 딱 과거, 현재, 미래뿐일까?

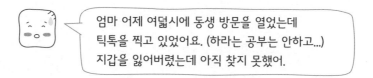

엄마 어제 여덟시에 동생 방문을 열었는데
틱톡을 찍고 있었어요. (하라는 공부는 안하고...)
지갑을 잃어버렸는데 아직 찾지 못했어.

모국어인 한국어라 크게 인식하지 못할 수도 있지만
위의 문장들은 한 가지 이상의 복잡한 시제 표현이 함께 쓰였지.
이제 영어로도 이렇게 말할 수 있는 방법을 함께 배워 보자.

과거진행, 미래진행

현재진행형은 말하는 시점에 일어나고 있는 일을 나타내는 시제야.
「be동사 + 동사원형 + ing」의 형태로 주어의 인칭과 수에 따라 be동
사를 am/are/is로 바꾸어 주면 '~하는 중이다.'라는 뜻으로 진행의 의미
를 표현할 수 있다고 배웠지.

이때 be동사 자리의 am/are/is를 각 동사의 과거시제로 바꾸어 주면
과거진행 시제를 표현할 수 있어. 과거진행 시제는 언제 쓸 수 있냐고?
생각보다 간단해. 과거진행 시제가 사용된 아래 대화를 보자.

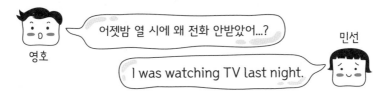

영호는 민선이에게 '어젯밤'이라는 특정 시점에 왜 전화를 받지 않았
느냐고 묻고 있지? 그래서 민선이는 어젯밤에 어떤 일을 하고 있었는
지 대답해 주었어.
이렇게 과거진행형은 '~하고 있었다'는 뜻으로 과거의 어느 시점에 진행
중이던 동작을 말할 때 쓸 수 있어.
「be동사의 과거형(was/were) + 동사원형 + ing」의 형태로 쓰여.

> I was watching TV last night
> 나 어젯밤에 텔레비전 보고 있었어.

과거진행형의 부정문은 be동사의 과거형 뒤에 not을 붙여 주면 간단해.

> She was not sleeping last night.
> 그녀는 어젯밤에 잠을 자고 있지 않았다.

의문문은 주어와 be동사 자리를 바꾸고 물음표를 적어 주자.

> ## Was she sleeping last night?
> 그녀가 어젯밤에 잠을 자고 있었니?

중학교 때까지 배우는 문법에서는 잘 다루지 않지만 미래진행형도 있어.
형태와 예문을 보여줄 테니 이런 시제도 있구나 하고 기억해 두자.
미래진행형의 형태는 「will be + 동사원형 + ing」 형태로 미래를 나타
내는 특정 시점에 '~하는 중일 것이다'는 뜻으로 사용된단다.

> ## I will be playing soccer at this time tomorrow.
> 내일 이맘 때 나는 축구를 하고 있을 것이다.

현재완료

우리말의 완료는 어떤 일이 완전히 끝났을 때 사용하지.
하지만 영어 문법에서의 완료는 조금 다른 의미란다.
지금부터 배워 볼 현재완료시제는 과거의 동작과 현재의 의미를 합친
표현이야. 과거의 사건으로 인해 현재 어떠하다는 것을 표현해 낼 수
있지.
그게 어떻게 가능하냐고? 잘 이해가 가지 않는다고? 당연한 반응이야.
완료시제는 우리말에는 없는 시제라서 아마도 들어 본 적도 없을 거야.
현재완료가 사용된 간단한 예문부터 함께 살펴보자.

현재완료가 사용된 아래 문장은 '나는(과거 5년 전부터) 싱가포르에 살았고 (지금도)살고 있다.'는 과거부터 현재까지의 정보를 한 문장 안에서 보여 주고 있어. 현재완료는 「과거 + 현재」를 나타낼 수 있기 때문이야.

> **I have lived in Singapore for 5 years.**
> 나는 5년 동안 싱가포르에 살아왔다.

현재완료 시제의 형태는 주어에 따라 「have + 과거분사」, 「has + 과거분사」를 기본으로 하고 완료시제는 사건이 시작된 시점에 따라서 현재완료, 과거완료로 나눌 수 있지.

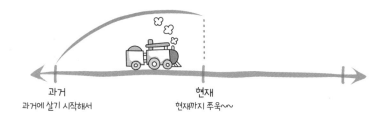

과거
과거에 살기 시작해서

현재
현재까지 쭈욱~~

😊 잠깐, 하나 더

동사는 원형-과거-과거분사형으로 삼단변화 해.
기본적으로 동사원형에 ed를 붙이면 과거형, 과거완료형이 된단다.
과거형은 이미 배웠지?
하지만 불규칙 변화하는 동사들은 따로 외워줘야 하지.
과거분사를 영어로 past participle이라고 하는데
분사형태를 표현할 때 이것을 짧게 줄여 'p.p.'라고 써.
과거분사는 완료형 「have + p.p.」, 수동태 「be동사 + p.p.」를 만들 때 쓰이고
또 문장에서 분사로 활용될 때는 동사의 의미로 형용사 역할을 하지.

동사의 삼단변화 표를 보고 불규칙 변화하는 동사들을 외워 두자.
현재완료 용법을 쓰기 위해서는 과거분사 형태를 잘 알고 있어야 해!

동사원형	과거	과거분사	뜻
awake	awoke	awoken	(잠에서) 깨다
be	was/were	been	~이다, 있다
become	became	become	~이 되다
catch	caught	caught	잡다
choose	chose	chosen	고르다
come	came	come	오다
do	did	done	하다
drive	drove	driven	운전하다
eat	ate	eaten	먹다
fall	fell	fallen	떨어지다
forget	forgot	forgotten	잊다
give	gave	given	주다
have	had	had	가지고 있다
keep	kept	kept	유지하다
let	let	let	시키다
make	made	made	만들다
pay	paid	paid	지불하다
ride	rode	ridden	타다
run	ran	run	달리다
see	saw	seen	보다
understand	understood	understood	이해하다
win	won	won	이기다

불규칙 변화하는 동사들은 이 페이지에 다 쓰지 못할 정도로 많단다.

다시 현재완료에 대한 설명으로 돌아와 보자.

현재완료는 앞에서 잠깐 설명한 예문에서처럼 과거에 시작된 일이 현재까지 영향을 미쳐 현재 사실과 관련이 있을 때 쓸 수 있는 어법이야.

현재완료가 얼마나 편리하게 사용될 수 있는지 과거시제와 비교해 볼까?

과거시제는 객관적인 과거의 일만을 전달해 줘.

그래서 잃어버린 핸드폰을 찾았는지, 혹은 이미 새 휴대폰을 구입했는지와 같은 현재 상황에 관련된 정보는 알 수가 없지.

그렇다면 현재완료를 활용한 문장은 어떤 의미를 전달할 수 있을지 보자.

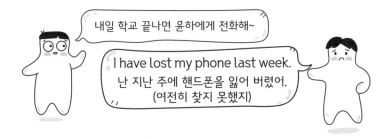

현재완료는 「과거 + 현재」의 의미로 현재의 상태에 대한 정보를 포함하는 개념이야. have lost가 사용된 문장은 과거 핸드폰을 잃어버렸고 그 결과 현재까지 핸드폰이 없다는 서로 다른 두 시제가 묶인 셈이지.

현재완료는 말하는 사람이 더욱 간편하게 정보를 전달할 수 있도록 도와 주지. 그리고 문장에서 쓰임에 따라 각각 동작의 완료, 경험, 계속, 결과의 네 가지 용법으로 나눌 수 있어.

현재완료의 네 가지 용법

현재완료의 계속적 용법은 '지금까지 계속 ~하고 있다'는 뜻으로 과거에 시작된 동작이나 상태가 현재까지 지속되고 있음을 나타내.

He has been sick for three days. 그는 삼일동안 (계속) 아팠다.

현재완료는 for, since와 같이 기간을 나타내는 표현과 함께 쓰여

현재완료의 경험적 용법은 '~한 적이 있다'는 뜻으로 과거의 일에 대한 현재의 기억을 나타내. 그리고 그 기억이 현재의 경험으로 남는 것이지.

She has been to New York before.
그녀는 뉴욕에 가 본 적이 있다.

혹시 누군가 뉴욕에 가 본 것은 과거의 경험으로 끝난 일 아닌가요? 라고 묻는다면 그렇지 않아! 뉴욕에 간 것은 과거의 일이지만 그 경험으로 인한 추억은 아직 남아있기 때문이야.

😊 잠깐, 하나 더

현재완료는 명백한 과거 시점을 나타내는
yesterday, three days ago, last week, in 1992 같은 것들과는 함께 쓸 수 없어. 이러한 표현이 함께 쓰이면 과거시제겠지!

'~해 본 경험이 있느냐?'고 물어보고 싶을 때 아래와 같이 의문문을 만들어 줄 수 있어. 경험 여부에 따라 yes, no로 대답하면 된단다.

Have you ever been to New York? 뉴욕에 가본 적 있니?
현재완료의 의문문은 주어와 have의 순서만 바꾸면 돼

뉴욕에 가본 적이 있다면 「Yes, 주어 + have」
뉴욕에 가본 적이 없다면 「No, 주어 + have not(=haven't)」

현재완료의 완료용법은 '(이미/막)~했다'는 뜻으로 과거에 시작된 동작이 막 끝났음을 알려 줘.

I have just finished my homework.
나는 숙제를 막 끝냈다.

I haven't finished my homework yet.
현재완료의 부정형은 「have/has + not + p.p.」의 형태야
나는 숙제를 아직 끝내지 못했다.

현재완료의 결과용법은 '~해 버렸다.(그 결과 지금은~이다)'는 뜻으로 과거의 일이 현재에 어떠한 결과로써 남아있음을 나타내. 우리말로 해석했을 때는 과거시제와 크게 차이가 없는 것 같지만, 과거의 행동으로 인해 현재 어떤 상태가 되었는지에 초점을 맞춰 의미를 파악해 보도록 하자.

I have lost my phone.
나는 핸드폰을 잃어버렸다. '그래서 지금은 가지고 있지 않다'를 의미해

대과거와 과거완료

과거완료는 과거의 한 시점을 기준으로 그 이전에 일어난 일을 나타내.
우리는 지나간 일을 과거로 나타내지? 과거의 어느 때를 기준으로 더
먼저 일어난 일의 시점을 대과거라고 해.

이 대과거의 일이 과거의 특정 시점까지 계속 영향을 미쳤을 때
과거완료시제를 써서 표현할 수 있어.

그러니까 과거완료는 아래와 같은 상황에 쓸 수 있겠지.
'내가 숙제를 끝마쳤을 때 내 동생이 피자를 다 먹어버렸다.'
내가 숙제를 다 끝내기 전에 동생이 피자를 다 먹어 치웠으니까
숙제를 끝낸 것은 과거이고 동생이 피자를 먹은 시점은 대과거겠지?
이 때 대과거를 표현하기 위해서 과거완료를 사용할 수 있어.
과거완료는 「had + 과거분사(p.p.)」로 나타내.

> My brother had eaten all the pizza when I finished
> my homework.
> 내가 숙제를 끝마쳤을 때 내 동생이 피자를 다 먹어버렸다.

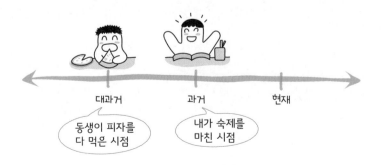

과거완료 또한 현재완료와 마찬가지로 완료, 경험, 계속, 결과 등의 의
미를 나타내. 방금 공부한 문장은 과거의 특정 시점 이전에 이미 끝나
버린 일을 나타낸 문장이니까 완료의 의미를 가지고 있지.

과거완료의 네 가지 용법

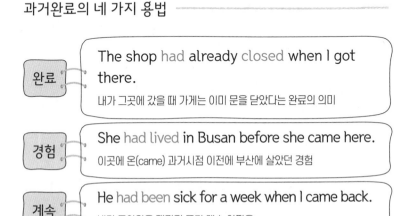

완료
The shop had already closed when I got there.
내가 그곳에 갔을 때 가게는 이미 문을 닫았다는 완료의 의미

경험
She had lived in Busan before she came here.
이곳에 온(came) 과거시점 이전에 부산에 살았던 경험

계속
He had been sick for a week when I came back.
내가 돌아왔을 때까지 그가 계속 아팠음

결과
I was very tired because I hadn't slept well.
잠을 제대로 못 잔 상태여서 피곤하다는 결과

과거완료는 주로 특정 시점을 알려 주는 부사구 (when~, before~)와
함께 쓰이는 경우가 많아. 특정 시점보다 앞선다는 것은 상대적인 개념
이기 때문에 부사구가 기준이 되는 과거 시점을 구분해 줄 수 있어.

이제 과거완료 시제에 대해서도 잘 알겠지?
이해가 가지 않는다면 완료시제가 무엇인지부터 천천히 다시 읽어
보자.

그러니까 현재완료/과거완료 시제를
표현하기 위해 have/has와 had가
동사를 도와 주고 있네요.

그렇지~! 아주 정확하게 이해했구나!

.....동사는 독립적이지 못한 성격인가 봐요...

뭐라고?!?!?!?!?!!

풀어 볼 거지?

01. 우리말과 같은 뜻이 되도록 문장을 완성해 보자.

> **보기**
> lived   seen   made

① 나는 5년 동안 계속 여기서 살고 있다.

I _____ _____ here for five years.

② 민주는 어렸을 때 고래를 본 적이 있다.

Minjoo _____ _____ a dolphin when she was young.

③ 내가 일어났을 때 아빠가 이미 아침식사를 만들어 놓으셨다.

Dad _____ already _____ breakfast when I got up.

02. 빈 칸에 알맞은 단어를 써 넣어서 단어 퍼즐을 완성해 보자.

	①		③		④
	②				
⑤					

① 세로 come의 과거
② 가로 awake의 과거
③ 세로 win의 과거분사
④ 세로 fall의 과거
⑤ 가로 let의 과거분사

01. ① have lived ② has seen ③ had, made
02. ① came ② awoke ③ won ④ fell ⑤ let

동사에서 분리되어 나온 분사는

동사원형에 -ed나 -ing가 달린 형태로

사물의 상태를 나타내기도 하고 사물의 동작을 나타내기도 해.

열다섯,
분리되어 나온
분사

분리되어 나온 분사

분사는 동사원형에 ing나 ed 형태로 동사에 꼬리를 달고
형용사처럼 명사를 수식하는 기능을 한단다.
앞에서 나온 to부정사나 동명사처럼 동사의 의미를 간직한 채
문장에서 동사의 역할이 아닌 다른 역할을 해.
분사는 동사에서 분리되어 나온 형태라 그렇게 이름 지었단다.

분사는 아래와 같이 능동·진행의 의미를 가진 현재분사와
수동·완료의 의미를 가진 과거분사의 두 가지 형태로 나눌 수 있어.

> walk (걷다) ➡ walking (걷는)
> 현재분사: 「동사원형 + ing」(능동, 진행의 의미: ~하는, ~하고 있는)

> print (인쇄하다) ➡ printed (인쇄된)
> 과거분사: 「동사원형 + ed」(수동, 완료의 의미: ~된, ~되어 버린)

현재분사와 과거분사는 명사를 꾸며 주거나 주어 또는 목적어의 보어
로 쓰이는 형용사 역할을 한단다.

> Look at those dancing monkeys.
> 명사 수식
> 춤을 추고 있는 저 원숭이들을 봐.
>
> This bike looks abandoned.
> 주어의 상태 설명
> 이 자전거는 버려진 것처럼 보여.

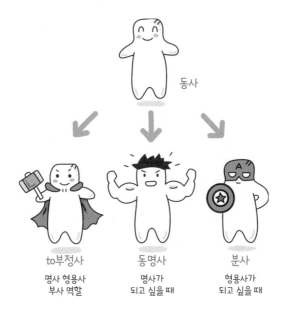

to부정사
명사 형용사
부사 역할

동명사
명사가
되고 싶을 때

분사
형용사가
되고 싶을 때

동사는 문장에서 오직 동사의 역할만 할 수 있고
주어나 목적어, 보어로는 쓰일 수 없었어.
하지만 부정사나 동명사로 형태를 변화시키면 명사의 역할을
할 수 있으니 주어, 목적어, 보어 자리에 쓰일 수 있게 되지.
또한 to부정사는 형용사나 부사처럼 다른 문장 성분들을 꾸며 주는
수식어 역할을 할 수도 있다고 배웠지.

현재분사와 과거분사가 동사의 의미와 성질을 간직한 채
형용사 역할을 하는 것은 to부정사나 동명사가 동사의 형태를 바꾸어
여러 가지 역할을 하는 것과 비슷해 보이지 않니?
우리는 이미 to부정사와 동명사에 대해서 아주 잘 알고 있지.
그렇다면 이제 동사 변화의 마지막 형태, 분사에 대해서
더 자세히 배워 보자.

현재분사와 과거분사

「동사원형 + ing」형태의 현재분사와 「동사원형 + ed」형태의 과거분사는 단지 분사의 형태로 구분해서 부르는 이름이야.
이것들이 현재시제와 과거시제를 나타내는 것은 아니란다.
아직 감이 잘 안 온다고?
아래 설명과 예문을 보면서 둘의 쓰임을 비교해 보자.

분사는 형용사나 보어로 쓰일 수 있단다.
분사가 수식하는 명사의 행위가 진행 중인 것을 나타내고 싶거나
명사가 행위를 하게 하는 경우에는 현재분사를 사용해서 능동, 진행의
의미를 전달해 줄 수 있어.

예문을 통해 현재분사의 쓰임을 알아보자.

> There is a sleeping dog under the tree.
>
> 나무 아래에 자고 있는 개 한 마리가 있다.

현재분사 sleeping은 '자고 있는'이라는 진행의 의미를 나타내.
혼자서 쓰이는 분사는 예문에서처럼 명사를 앞에서 꾸며 주지.

명사가 '~하는'으로 해석되어 능동의 의미로 쓰인 현재분사의 예문도
함께 살펴보자.

> I found the birds sitting outside.
>
> 나는 밖에 새들이 앉아있는 것을 발견했다.

sitting은 목적어인 the birds의 동작을 설명하는 목적격 보어로 '앉아있는'이라는 능동의 의미를 나타내는 것이지. 다른 명사와 단어와함께 쓰이는 부사는 위 예문처럼 명사를 뒤에서 꾸며 준단다.

진행, 능동의 의미를 가진 현재분사와 반대로 과거분사는 완료, 수동의 의미를 가지고 있어.

분사가 수식하는 명사의 행위가 이미 완료되었거나

명사가 동작을 받는 경우에는 과거분사를 사용해서 수동, 완료의 의미를 표현해 줄 수 있지.

완료의 의미를 가진 과거분사의 쓰임은 아래 문장과 같아.

I swept the fallen leaves on the yard.

나는 마당에 떨어진 낙엽을 쓸었다.

명사 leaves를 수식하는 과거분사 fallen은 '떨어진'이라는 완료의 의미를 나타내.

fall(떨어지다)은 - fell - fallen으로 불규칙 변화하기 때문에 마지막 형태인 과거분사형이 쓰였어.

수동의 의미를 가신 과거분사의 쓰임도 함께 살펴볼까?

The window is broken.

창문이 깨졌다.

과거분사 broken은 주어인 The window의 상태를 설명하는 보어로 쓰임과 동시에 '(외부 자극에 의해) 깨진'이라는 수동의 의미를 나타내.

참, break(깨지다)는 - broke - broken으로 불규칙 변화하는 동사란다.

현재분사와 과거분사는 각각의 분사가 가진 능동·진행 그리고 수동·완료의 의미 때문에 be동사나 have와 함께 쓰여 진행형, 완료형, 그리고 수동태를 만들어 줄 수 있어.

진행의 의미를 가진 현재분사는 be동사와 함께 쓰일 때 '~하고 있는 중이다'라는 의미의 진행시제를 만들어 줘.

수동·완료의 의미를 가진 과거분사는 have, has와 함께 현재완료 시제로 쓰이고, be동사와 함께 쓰여 주어가 어떠한 동작을 당할 때 사용할 수 있는 수동태 문장을 만들 수 있어.

아래의 예문을 통해 분사가 문장에서 어떻게 활용되는지 비교해 보자.

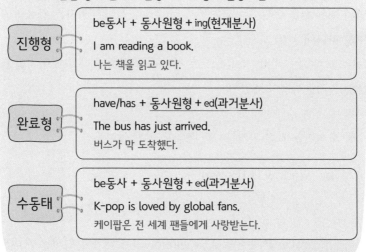

진행형
be동사 + 동사원형 + ing(현재분사)
I am reading a book.
나는 책을 읽고 있다.

완료형
have/has + 동사원형 + ed(과거분사)
The bus has just arrived.
버스가 막 도착했다.

수동태
be동사 + 동사원형 + ed(과거분사)
K-pop is loved by global fans.
케이팝은 전 세계 팬들에게 사랑받는다.

감정을 나타내는 분사

'I'm happy. I'm angry.'와 같이 감정을 나타내는 형용사를 사용하면 상대방에게 내 기분을 말해줄 수 있어.

이 정도는 아주 쉽지? 한 단계 레벨을 올려 볼까? ☺

surprise(놀라게 하다), interest(흥미롭게 하다), bore(지루하게 하다) 등의 감정을 나타내는 동사에 분사 꼬리를 붙이면 훨씬 풍부한 표현들을 사용할 수 있어. 그럼 어떤 경우에 현재분사 꼬리(ing)를 붙이고 어떤 경우에 과거분사 꼬리(ed)를 붙이는지 구분할 수 있어야겠지?
사물이나 사람이 다른 이의 감정을 유발시키면 현재분사를,
사람이 감정을 느끼면 과거분사를 사용해.

예문을 통해 분사의 쓰임을 구분해 보자.
아래 예문에서 분사는 주어를 설명해 주는 주격 보어로 쓰였는데 뉴스가 다른 이의 흥미로운 감정을 일으킨 것이므로 현재분사 surprising이 사용되었어.

> **The news was surprising.**
> 그 뉴스는 놀라웠다.

주어인 내가 놀란 감정을 느꼈을 때는 과거분사 surprised를 써 줘야 해.

> **I was surprised when I heard the news.**
> 나는 그 뉴스를 들었을 때 놀랐다.

분사구문

분사구문은 「접속사 + 주어 + 동사」 형태의 부사절에서 접속사와 주어를 생략하고 현재분사를 이용해서 부사절을 부사구로 바꾼 것을 말해. 부사절은 시간, 이유, 결과, 조건, 양보와 같은 부가 정보를 제공해서 주제 문장을 도와 주는 종속절이야.　　기억하지? 🙂

설명이 조금 어렵지?
머리 아픈 문법 용어는 잠시 미뤄두고 간단하게 생각해 보자.

> 나는 늦게 일어났기 때문에 나는 학교 버스를 놓쳤다…

이름: 뭉캐

'뭉캐'처럼 말하는건 어딘가 어색하지? 틀린 문장은 아닌데 말이야.
"나는 늦게 일어나서 학교 버스를 놓쳤다." 라고 말하는 것이 훨씬 자연스럽게 느껴지지 않니?
겹치는 주어를 계속 반복하는 것은 우리말을 할 때도 영어를 할 때도 불필요하게 문장이 길어지게 만들지. 결국, 분사구문은 더 편리하게 말하기 위해서 쓰이는 것이란다.

분사구문을 만드는 방법을 같이 연습해 보자.

① 일단 부사절의 접속사를 지워 버린다. 접속사를 쓰지 않아도 앞뒤 문맥으로 상황을 파악할 수 있기 때문이야.
② 부사절과 주절의 주어가 같다면 부사절의 주어를 없애준다.
③ 부사절과 주절의 시제가 같다면 부사절의 동사를 「동사원형 + ing」의 형태로 바꾼다.

분사구문을 만드는 방법 ①, ②, ③대로 예문을 직접 바꾸어 보자.

Because I got up late, I missed the school bus.
나는 늦게 일어났기 때문에 학교 버스를 놓쳤다.

① I got up late, I missed the school bus.
② got up late, I missed the school bus.
③ Getting up late, I missed the school bus.
늦게 일어나서 학교 버스를 놓쳤다.

어때, 앞 부분을 짧게 줄여도 의미가 통하는 것을 알 수 있지?
짧고 군더더기 없는 문장으로 소통하는 것이 바로 분사구문의 핵심이란다.

분사가 만만하진 않지!
하지만 난 이제 완벽하게 마스터 했다고~!

그래? 그럼?
현재분사가 뭔지 설명해 봐!

동사원형에 ing가 붙는 형태로
진행형으로 쓰이거나 형용사로 쓰이지!

(정말 잘 알고 있잖아?!)
그럼 현재완료의 예를 한 가지만 들어 봐!

아잉~~~♡

풀어 볼 거지?

01. 현재분사와 과거분사의 형태를 각각 써 보자.

➡

➡

02. 빈칸에 들어갈 단어가 바르게 짝지어진 것을 골라 보자.

> I know that girl _____ next to the _____ car.

① stand – break

② standing – breaking

③ standing – broken

03. 빈 칸에 알맞은 말을 써 보자.

> 주어가 감정을 불러일으키면 _____분사를, 주어가 감성을 느
> 끼면 _____분사를 쓴다.

➡

04. 문장을 분사구문으로 바꾸어 써 보자.

While she took a shower, she sang really loud.

➡

04. Taking a shower, she sang really loud.

01. 동사원형에 ing, 동사원형에 ed   02. ③   03. 현재, 과거

열다섯, 분리되어 나온 분사 183

알아두면 좋은 수동태

우리는 이제까지 행위의 주체를 주어로 하는 능동태 문장만을 배워 왔어. 수동태는 주어가 행위를 당하는 대상으로써 어떤 동작의 영향을 받는 것을 나타내. 능동태와는 반대로 행위의 대상을 주어로 하는 동사의 형태란다. 주어와 동사의 관계를 파악했을 때 주어가 동작의 주체이면 능동태, 동작의 대상이면 수동태인 셈이지.

수동태의 기본 형태는 「be동사 + 과거분사」로 누군가에 의해 어떤 동작이 '~해진다'의 뜻으로 쓰여. 그래서 수동태 문장은
「주어 + be동사 + 과거분사 + by 행위자」로 쓰이는데 행위자가 일반적인 사람이거나 누구인지 알려지지 않은 경우에는 생략해도 괜찮아.

> **These books** are read by many children.
> 이 책들은 많은 어린이들에 의해 읽혀진다.
>
> **English** is spoken in Austraila. 행위자 생략
> 호주에서는 영어를 말한다.

목적어가 있는 대부분의 능동태 문장은 수동태 문장으로 바꾸어 줄 수 있어. 아래 예문처럼 말이야.

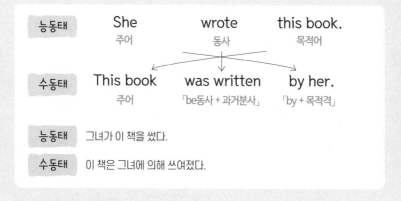

능동태　She 주어　　wrote 동사　　this book. 목적어

수동태　This book 주어　　was written 「be동사 + 과거분사」　　by her. 「by + 목적격」

능동태　그녀가 이 책을 썼다.

수동태　이 책은 그녀에 의해 쓰여졌다.

먼저 능동태의 목적어는 수동태의 주어가 될 거야.

그리고 능동태 문장의 동사를 「be동사 + 과거분사」의 형태로 고쳐줘.

be동사는 문장의 시제와 주어의 인칭에 따라 맞춰 써 주자.

마지막으로 능동태 문장의 주어를

「by + 목적격」의 형태로 문장의 맨 뒤에 덧붙여 주면 돼.

영어는 경우에 따라 행동의 영향을 받는 대상(목적어)를 강조하는데

이런 경우에 능동태 문장을 수동태 문장으로 바꾸어 줄 수 있는 거야.

수동태 문장의 부정문과 의문문은 be동사가 있는 문장을 부정문과 의문문으로 만드는 것과 같은 방법으로 만들어 줘.

그러니까 수동태의 부정문은 「be동사 뒤에 + not」을 써서 만들고,

수동태 의문문은 「be동사 + 주어」의 어문을 써서 만들어 줄 수 있단다.

The clothes are not washed yet.
그 옷은 아직 세탁되지 않았다.

The airport is never closed even at night.
경우에 따라 never을 쏠 수도 있어
공항은 밤에도 절대 닫지 않는다.

Is curry eaten in your country?
당신의 나라에서는 카레를 먹습니까?

Was the painting drawn by you?
그 그림은 당신이 그렸나요?(당신에 의해 그려졌나요?)

관계대명사는 반복되는 말을 피하고 공통된 말을 중심으로

두 문장을 하나로 연결해 준단다.

대명사와 접속사의 역할을 동시에 해 내는

관계대명사의 쓰임에 대해 알아보자.

열여섯,
추가 정보를
연결시켜 주는
관계대명사

문장의 연결고리 관계대명사

관계대명사는 반복되는 말을 피하고 두 문장을 하나로 연결해 준단다.
우리는 이미 문장을 연결해 주는 접속사에 대해 배웠지?
관계대명사는 접속사보다 훨씬 편리하고 많은 역할을 해줄 수 있어.
아래의 두 문장을 한 문장으로 연결시켜 볼까?

> I have a brother. He lives in Jeonju.
> 나는 남자형제가 있다. 그는 전주에 산다.

가장 간단한 방법은 접속사 and를 쓰는 것이지.

> I have a brother and he lives in Jeonju.
> 나는 남자형제가 있고 전주에 산다.

하지만 접속사를 이용해서 문장을 연결해 주는 것이 가장 효율적인 방법은 아니야. 하지만 밑줄 친 부분을 보면 여전히 같은 대상이 반복적으로 쓰이고 있음을 알 수 있지.
이런 경우에 대명사와 접속사 역할을 동시에 해 낼 수 있는 관계대명사를 활용하면 문장이 더욱 간단해져.

> I have a brother and he lives in Jeonju.
> ⬇
> I have a brother who lives in Jeonju.
>   선행사   관계대명사

이렇게 두 문장이 공통되는 대상을 가지고 있을 때 공통된 것들의 관계를 묶어서 한 문장으로 만들어 주는 것이 관계대명사의 역할이란다.

관계대명사가 이끄는 절은 명사를 꾸며줄 수 있어.

이때 관계대명사의 꾸밈을 받는 명사를 선행사라고 부른단다.

선행사는 관계대명사 앞에 오는 말이라는 의미야. 문장에서 주격, 목적격, 소유격의 역할을 하는 관계대명사는 바로 이 선행사의 종류에 따라 형태가 바뀌곤 해. 그럼 선행사에 따른 관계대명사의 올바른 쓰임과 격에 따른 역할에 대해 하나하나 알아보도록 하자.

주격 관계대명사 who, which

주격 관계대명사는 주어였던 선행사를 수식하는 절을 이끌어 문장을 연결해 준단다. 선행사가 사람이면 관계대명사 자리에 who를, 동물이나 사물이면 which를 사용할 수 있어.

아래 예문을 관계대명사를 사용해서 한 문장으로 만들어 보자.

I met a boy.
나는 한 소년을 만났다.
He was riding a skate.
그는 스케이트를 타고 있었다.

I met a boy who was riding a skate.
　　　　선행사　관계대명사
나는 스케이트를 타고 있는 소년을 만났다.

첫 번째 문장의 a boy와 두 번째 문장의 he는 같은 대상을 가리키고 있어. 중복되어 언급된 he 대신 관계대명사를 사용하면 마치 다리를 놓아 주듯 두 문장을 연결해 줄 수 있어.

이때 관계대명사가 수식하는 선행사가 사람(a boy)이고, 생략된 he는 문장에서 주어 역할을 했기 때문에 두 문장을 연결해 줄 때는 주격 관계대명사로 who가 필요한 것이란다.

선행사가 사람이 아니고 사물이거나 동물일 때는 which를 넣어줄 거야.

We ate a pizza. It was delicious.
우리는 피자를 먹었다. 그것은 맛있었다.

➜ We ate a pizza which was delicious.
　　　　　　선행사　　관계대명사
우리는 맛있는 피자를 먹었다.

주격 관계대명사 who와 which가 쓰이는 자리에 that을 선행사에 관계없이 써줄 수도 있어.

We ate a pizza that was delicious.

물론 문장의 의미는 바뀌지 않아. ☺

목적격 관계대명사 who(m), which

목적격 관계대명사의 기본 원리는 주격 관계대명사와 크게 다르지 않단다. 가리키는 대상이 중복되는 두 문장에서 지워낸 부분의 빈자리가 목적어 자리라면 목적격 관계대명사를 사용해 채워 주는 것이지.
목적격 관계대명사가 수식하는 선행사가 사람이면 who나 whom을 사물이나 동물이면 which를 사용할 수 있어.

아래 설명을 읽어 보자. 목적격 관계대명사를 사용해서 두 문장을 한 문장으로 연결시켜 주는 방법을 알려줄게.

She is a kind girl.
그녀는 친절한 소녀이다.
Everyone likes her.
모두들 그녀를 좋아한다.

She is a kind girl who everyone likes.
　　　　　　선행사　　　관계대명사(whom)
그녀는 모두가 좋아하는 친절한 소녀이다.

첫 번째 문장의 명사 a kind girl과 그다음 문장의 대명사 her는 같은 대상을 말해. 중복 언급된 대상은 없애줄 수 있다고 했지? 살아남은 명사의 바로 뒤에 관계대명사를 사용해서 두 문장을 한 문장으로 만들어 줄 수 있어. 사라진 her는 문장에서 목적어 역할을 했기 때문에 이때 쓰이는 관계대명사를 목적격 관계대명사라고 불러.

관계대명사가 수식하는 선행사가 사람일 때 필요한 목적격 관계대명사는 who나 whom이야. whom은 격식을 차려야 하는 글에서 자주 쓰이고 일상적인 대화에서는 who를 훨씬 많이 쓴단다.

선행사가 사물이나 동물이면 목적격 관계대명사 which를 써 주자.

I know that movie. My friend likes it.
나는 그 영화를 안다. 내 친구가 그것을 좋아한다.
➔ I know that movie which my friend likes.
　　　　　　　선행사　관계대명사
　나는 내 친구가 좋아하는 그 영화를 안다.

목적격 관계대명사 who(m)와 which 대신 that을 <mark>선행사에 관계없이</mark> 써줄 수도 있어.

> I like people who(= that) are honest and kind.
> 나는 정직하고 친절한 사람들을 좋아한다.
> I'll take my camera which(= that) I bought yesterday.
> 내가 어제 산 카메라를 가지고 갈게.

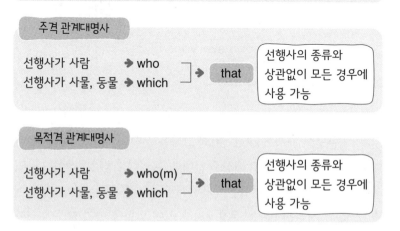

주격 관계대명사

선행사가 사람 ➡ who
선행사가 사물, 동물 ➡ which ⟶ that 선행사의 종류와 상관없이 모든 경우에 사용 가능

목적격 관계대명사

선행사가 사람 ➡ who(m)
선행사가 사물, 동물 ➡ which ⟶ that 선행사의 종류와 상관없이 모든 경우에 사용 가능

소유격 관계대명사 whose

관계대명사가 관계대명사절에서 소유격 역할을 할 때 <mark>선행사에 상관없이</mark> whose를 쓸 수 있어.

사람이나 사물의 소유격인 her(그녀의), his(그의). its(그것의), their(그것들의) 등을 대신해서 소유격 관계대명사 whose를 써 줄 수 있어.

이미 배운 주격 관계대명사나 목적격 관계대명사와 달리 that과 바꾸어 쓸 수 없다는 것을 기억해 두자.

> She has a brother. His name is Jun.
> 그녀는 남자형제가 있다. 그의 이름은 준이다.
>
> ➡ She has a brother whose name is Jun.
>   소유격 관계대명사
> 그녀는 이름이 준인 남자형제가 있다.

소유격 관계대명사는 항상 「whose + 명사」의 형태로 소유격 관계대명사 뒤에는 항상 명사가 따라온단다.

> She bought a new bag whose color is blue.
> 그녀는 파란색 새 가방을 샀다.

😊 잠깐, 하나 더

that은 선행사에 상관없이 쓸 수 있다고 했지? 그렇다면 꼭 that을 써야 하는 경우를 알아보면

- 사람과 동물 두 가지가 선행사일 때
  Look at the girl and her dog that running in the park.

- 최상급 형용사가 선행사일 때
  She is the tallest girl that I've ever seen.

- -thing, -body로 끝나는 대명사가 선행사일 때
  I need something that is special.

- all, the same, the only 등이 선행사에 올 때
  I have the same sweater that she is wearing.

선행사를 포함하는 what

친구랑 쇼핑을 하다가 너무 가지고 싶었던 신발을 발견했어.

이거 내가 원하던 거야!

영어로 말할 때도 이렇게 쉽고 편하게 말할 수 있어야겠지?

> **This is the shoes. I want it.**
> 이것은 신발이다. 나는 그것을 원한다.

이렇게 딱딱하고 답답하게 말하는 사람은 아마 없을 거야.

what은 말하는 사람과 듣는 사람이 이미 아는 내용을 짧게 말하고 싶을 때 쓸 수 있는 관계대명사야. This is what I want!라고 말하면 굳이 눈 앞에 있는 신발을 불필요하게 언급하지 않고 효율적으로 말할 수 있게 되지. 관계대명사 what에는 '서로가 이미 아는 것'이라는 뜻이 포함되어 있기 때문이야.

그래서 우리는 what을 선행사를 포함하는 관계대명사라고 부른단다. what에는 선행사가 포함되어 있어서 선행사를 쓰지 않아.

what 이 이끄는 명사절은 '~하는 것'이라고 해석하고 문장에서 주어, 목적어, 보어 역할을 해.

주어 역할을 하는 what이 쓰인 예문을 읽고 해석해 보자.

> **What I need is a new cell phone.**
> 내가 필요한 것은 새 핸드폰이다.

아래 예문에서 what은 동사의 목적어 역할을 하고 있어.

> **I can't believe** what he said.
> 나는 그가 말한 것을 믿을 수 없다.

what이 이끄는 절이 보어로 쓰일 때도 '~하는 것'으로 똑같이 해석해 줘.

> **This is** what I wanted to buy.
> 이것은 내가 사고 싶었던 것입니다.

😊 **잠깐, 하나 더**

관계대명사 what과 의문사 what의 쓰임이 헷갈리면 안돼.

관계대명사 what (~하는 것)

> Mark told me what he knew.
> 마크는 나에게 그가 아는 것을 알려 주었다.

의문사 what(무엇)

> I asked him what he knew.
> 나는 그가 무엇을 아느냐고 물었다.

의문사 what은 불확실, 의문 등을 나타내는 동사 ask, wonder, know 등과 함께 쓰이곤 해.

어휴...

왜 그러는데?

관계대명사 말이야...
어떤 걸 써야 하는지 아직도 헷갈려

어떤 관계대명사를 써야 하는지는
앞에 오는 명사에 달렸어.
who는 사람에,
which는 사물이나 동물에,
that은 사람, 사물, 동물 등
모든 선행사에 쓸 수 있다는 것만 기억해~!

풀어 볼 거지?

01. 관계대명사 who 또는 which를 넣어서 문장을 완성해 보자.

① The people (   ) I met yesterday were very kind.

② I couldn't find the money (   ) I hid.

③ She lost the glasses (   ) she had bought last month.

02. 두 문장을 관계대명사를 이용해 하나의 문장으로 바꾸어 써 보자.

I have a book. The book was interesting.

➡

03. 우리말에 맞게 괄호 안의 단어들을 알맞게 배열해 보자.

① 이 사람은 내가 가장 좋아하는 친구이다.
(my friend,   who,   like,   the most,   I)
This is _____.

② 그가 말한 것은 사실이 아니다.
(he,   what,   said)
_____ is not true.

01. ① who(that) ② which(that) ③ which(that)
02. I have a book which(that) was interesting.
03. ① my friend who(that) I like the most ② What he said

현실에서 이룰 수 없는 일을 상상하고 가정해 본 적 있니?

우리의 상상을 도와 주는 if조건절의 쓰임과 규칙에 대해

공부해 볼 거야.

열일곱,
사실과 다른
가정법

가능함과 불가능함의 가정법

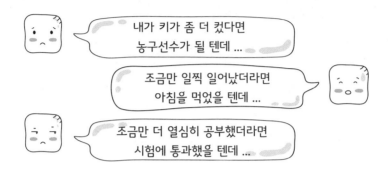

내가 키가 좀 더 컸다면
농구선수가 될 텐데 …

조금만 일찍 일어났더라면
아침을 먹었을 텐데 …

조금만 더 열심히 공부했더라면
시험에 통과했을 텐데 …

"내 키가 컸더라면…", "일찍 일어났더라면…", "열심히 공부했다면…"
대화의 공통점이 보이니? 실제 사실이 아니거나 일어날 수 없는 일들
을 상상하거나 아쉬워하고 있어.

우리는 종종 현실에서 이룰 수 없는 일들을 상상하고 가정하곤 하지?
이럴 때 쓰는 표현법이 바로 가정법 If야.

그런데 우리가 부사절 접속사를 배울 때도 if가 한 번 등장한 적 있지?
이때의 if는 '만약 ~라면'의 뜻으로 현재나 미래에 실제로 일어날 수 있
는 일을 나타냈어. 아래 예문처럼 말이야.

> ## If Mark comes, I will go home.
> 실현 가능
>
> Mark가 온다면, 나는 집에 갈 것이다.

반면에 우리가 이제부터 배워 볼 가정법 if의 쓰임은 부사절 접속사 if
와 의미는 비슷하지만 전혀 다른 상황을 나타낸단다.

가정법 if는 사실과 반대되는 일을 가정하여 표현하는 방법이야.
아래 예문처럼 말이지.

> **If Mark came, I would go home.**
> 실현 불가능(현재 사실과 반대)
>
> Mark가 왔다면, 나는 집에 갈 텐데. (실제로는 Mark가 오지 않았고, 나는 집에 가지 않았다.)

이렇게 가정법이 쓰인 문장은 어떤 규칙을 따라야 하는지 이제부터 공
부해 보자.

사실과 다른 가정법 과거

가정법 과거는 '만약 ~라면 ... 할 텐데'라는 뜻으로,
현재의 사실과 반대되는 일을 가정하거나 상상할 때 쓰여.

가정법 과거형의 형태는 조건절과 주절로 구성된단다.

> **If + 주어 + were/동사의 과거형~,**
> 조건절
> **주어 would/could/might + 동사원형~.**
> 주절

여기서 '만약~라면'의 문장을 if 조건절이라고 하고 '~할 텐데'에 해당하
는 문장을 주절이라고 해.

> **If I were rich, I would buy it.**
> 조건절   주절
> 내가 부자라면 그것을 살 텐데.

현재 사실의 반대 → 나는 부자가
아니라서 그것을 살 수 없다

> **If I had a bike, I could ride it.**
> 조건절   주절
> 만약 자전거가 있다면 탈 수 있을 텐데.

현재 사실의 반대 → 지금 내게
자전거가 없어서 탈 수 없다

가정법 과거에서 조건절의 동사가 be동사일 때는 주어와 상관없이 항상 were를 쓰지. 하지만 친구들과 편하게 이야기하는 자리에서는 주어가 1인칭이나 3인칭 단수일 때 was를 쓰기도 해.

😊 잠깐, 하나 더

과거 동사(were, had)를 썼다고 과거시제로 해석하면 안 돼!

If I were rich, ~~.	If I had a bike, ~~.
내가 부자였다면 (✗)	자전거가 있었다면 (✗)
내가 부자라면 (⭕)	자전거가 있다면 (⭕)

가정법 과거에서 동사의 과거형을 사용하는 이유는
가정하는 상황이 현재 사실과 거리가 있고 이루어지지 않는 일인 것을
한 발자국 뒤에서 나타내기 위해서란다. 과거형으로 쓰였지만 현재의 일
에 반대되는 상황을 이야기하는 것이므로 해석에 주의하도록 하자.

지난 일에 대한 후회 가정법 과거완료

앞에서 배운 과거완료는 과거보다 한 시제 더 앞에서 일어난 일을 말하고 싶을 때 쓰였어. 그러니까 가정법 과거완료는 과거의 사실과 반대되는 일을 가정하거나 상상할 때 쓰일 수 있어. 실제로 과거에 일어나지 않았던 일을 상상하고 가정하는 표현이야.
'만약 ~했다면... 했을 텐데'라는 뜻으로 과거 사실과 반대되는 일에 대한 가정, 후회, 추측 등을 나타내지.

가정법 과거완료 문장은 아래와 같은 어순으로 쓰여. 복잡해 보이지만 가정법 과거형에서 한 단계씩 과거로 이동한 형태일뿐이야.

If + 주어 + had + 과거분사,
조건절
주어 + would/could/might + have + 과거분사.
주절

If I had gone to the store on Saturday,
조건절
I would have received a discount.
주절
내가 토요일에 그 가게에 갔더라면, 나는 할인을 받았을 텐데.

과거사실의 반대 →
토요일에 그 가게에 가지 않아서 할인을 받지 못했다

가정법 과거완료 역시 형태는 과거완료형이지만 대과거의 일을 다루는 것이 아니라 과거의 일을 반대로 가정한다는 것을 꼭 기억해 두자.

특별한 가정법

가정법 중에는 if로 시작되지 않는 것들도 있어.

「I wish + 가정법 과거」는 '~하면 좋을 텐데'의 뜻으로 현재 사실과 반대되거나 실현 가능성이 희박한 것을 소망할 때 쓰여. 현재 상황에 대한 아쉬움이나 유감을 표현할 수 있단다.

I wish I had more free time.
여가 시간이 더 있으면 좋을 텐데.

'현재 여가 시간이 없지만 있었으면 하는 바람'을 의미해

「I wish + 가정법 과거완료」 문장은 과거의 일에 대한 후회나 아쉬움을 나타내고 싶을 때 쓸 수 있어. '(과거에) ~ 했더라면 좋았을 텐데'로 해석해.

I wish I had bought **the umbrella.**
그 우산을 샀다면 좋았을 텐데.
'과거에 우산을 사지 않았던 것에 대한 후회'를 의미해

as if를 사용해서 현재의 사실에 반대되는 일을 가정할 수도 있어.
「as if + 가정법 과거」는 현재 사실과 반대되는 가정으로 '(사실은 아닌데) 마치 ~인 것처럼'의 뜻을 나타내.

He talks as if he knew me.
그는 나를 아는 것처럼 말한다.
'사실은 그렇지 않다
그는 나를 모른다'를 의미해

「as if + 가정법 과거완료」는 과거 사실과 반대되는 가정으로 '(사실은 아닌데) 마치 ~였던 것처럼'의 뜻을 나타내지.

She acted as if she had not been **there.**
그녀는 마치 그곳에 없었던 것처럼 행동했다.
'사실은 그렇지 않다
그녀는 그곳에 있었다'
를 의미해

풀어 볼 거지?

01. 빈 칸에 알맞은 단어를 써 보자.

    If Ms. Lee _____ my teacher, I would study harder.

02. 우리말 해석과 같도록 괄호 안의 동사를 알맞게 바꾸어 빈 칸에 써 보자.

    ① If I _____ you, I would forgive him.
    (be)
    내가 너라면 그를 용서할 텐데.

    ② If she _____ hard, she could have succeeded.
    (work)
    만약 열심히 했다면 그녀는 성공할 수 있었을 텐데.

03. 우리말 해석과 같도록 주어진 단어와 함께 문장을 완성해 보자.

    ① 내가 더 열심히 공부했다면, 그 시험에 합격할 수 있었을 텐데. (pass)
    If I had studied harder, I _____
    the test.

    ② 그는 마치 모든 것을 아는 것처럼 행동했다. (know)
    He acted _____ everything.

01. were   02. ① were ② had worked
03. ① could have passed ② as if he knew

수고했어!
한 번 더 읽자.
읽으면 외워진다!